小学生案头书

四时常记古诗词180首

李汇群 赵雪沛 李远达 编著

西苑出版社
XIYUAN PUBLISHING HOUSE

四时常记古诗词180首

目录

一　千江雪

二　春好处

目录

目录

目录

目录

目录

目录

十　霜满天

十一　一片寒

目录

一/千江雪

四时常记古诗词

180首

别董大二首

（其一）

唐·高适

千里黄云白日曛，

北风吹雁雪纷纷。

莫愁前路无知己，

天下谁人不识君？

【注释】

董大：即董庭兰，唐朝开元、天宝年间的著名琴师、音乐家。古人以排行称名，他在兄弟中排行第一，所以被称为“董大”。

白日曛（xūn）：白天的阳光暗淡。曛：夕阳西沉时的昏暗景色。

【诗说】

天空中密布着暗黄色的云，千里绵绵不断，虽是白天，但阳光暗淡，天色昏沉。寒冷的北风吹走了大雁，纷飞的雪从空中洒落。在这样的天气里，诗人送别朋友并安慰他：“不要发愁前路没有知己，天下有几个人不知道您呢？”

全诗描写雪天景色，表达和朋友离别的愁绪，但结尾两句意在鼓励朋友，洋溢着乐观、开朗的情绪。

逢雪宿芙蓉山主人

唐·刘长卿

日暮苍山远，

天寒白屋贫。

柴门闻犬吠，

风雪夜归人。

【注释】

苍山：青色的山。

白屋：没有装饰的简陋房屋。

【诗说】

傍晚时分，远远望去，青山凝翠，若隐若现。天气寒冷，越发让没有装饰的房屋显得简陋。忽然听到柴门外有狗的叫声，可能是主人迎着风雪连夜赶回家来了。

卖炭翁 唐·白居易

卖炭翁，伐薪烧炭南山中。
满面尘灰烟火色，两鬓苍苍十指黑。
卖炭得钱何所营？身上衣裳口中食。
可怜身上衣正单，心忧炭贱愿天寒。
夜来城外一尺雪，晓驾炭车辗冰辙。
牛困人饥日已高，市南门外泥中歇。
翩翩两骑来是谁？黄衣使者白衫儿。
手把文书口称敕，回车叱牛牵向北。
一车炭，千余斤，宫使驱将惜不得。
半匹红绡一丈绫，系向牛头充炭直。

【注释】

敕（chì）：皇帝的诏令。

绡（xiāo）：生丝，又指用生丝织的东西。

【诗说】

有位卖炭的老翁，天天在南山砍树烧炭，他满脸尘灰，两鬓斑白，十指经常被熏得乌黑。卖炭有钱了做什么呢？无非就是买衣服买粮食求个温饱罢了。可怜他身上衣衫单薄，却还盼望天气更冷些，这样炭就能卖个好价钱了。夜里城外下了好大一场雪，白天他驾着牛车辗着冰冻的车轮痕印去卖炭。到长安城的南门外时，牛困倦了，人也饿了，只得在泥泞中歇息。远远地有两个人骑着高头大马过来了，他们是谁呢？原来，穿黄衣服的是宫中的太监，穿白衣服的是他的手下。他们手持文书，口口声声说有皇帝的诏令，吆喝着把牛车牵向北边。一车炭有千余斤，老翁满心舍不得，却毫无办法。最后，他们拿了半匹红绡和一丈绫，系在牛头上当作买炭钱打发了老翁。

诗歌表达了诗人对不公平的社会现状的不满和愤怒，和对以卖炭翁为代表的劳动人民的深刻同情。

问刘十九　唐·白居易

绿蚁新醅酒，

红泥小火炉。

晚来天欲雪，

能饮一杯无？

【注释】

绿蚁：酒面上浮起的酒渣。颜色为绿色，细小如蚂蚁，所以称为绿蚁。

醅（pēi）：没有过滤的酒。

【诗说】

小屋里，桌子上备好了绿色的新酿酒，红泥小火炉熊熊燃烧。屋外天色阴沉，夜晚即将来临，看来像是要下雪的样子。外面寒意渐浓，能不能留下来咱们喝一杯？

江雪　唐·柳宗元

千山鸟飞绝，
万径人踪灭。
孤舟蓑笠翁，
独钓寒江雪。

【注释】

蓑笠：蓑衣和笠帽的合称。一般用草、麻或竹篾等编成，是农夫、渔夫等普通劳动者遮挡风雨时的穿戴。

【诗说】

大雪纷飞的茫茫世界，天空中望不到鸟儿飞翔的身影，地面上看不见行人走路的踪迹。一切都被皑皑白雪覆盖住了，天空、地面、水面模糊成了一片，世界处于一片冷清孤寂中。可是，在水天一色的江面上，飘荡着一叶小舟，舟中有一位渔翁，披蓑衣，戴笠帽，正在默默垂钓。远远望去，漫天飞雪飘洒，天地一片静默，唯有他手中的钓竿时不时微微颤动一下。

好一个清冷苍茫的世界，好一个孤傲高洁的渔翁！

悼伤后赴东蜀辟至散关遇雪

唐·李商隐

剑外从军远，
无家与寄衣。
散关三尺雪，
回梦旧鸳机。

【注释】

剑外：剑阁以外。剑阁在今四川省剑阁县北部。

散关：大散关，在今陕西省宝鸡市西南方向。

鸳（yuān）机：织机的美称。

【诗说】

从军到剑阁以外的路途很遥远，却没有家里人给我寄衣服。大散关的雪很大，足足有三尺厚，我也只能在梦中才能见到你在织机上操劳的样子。

这首诗是诗人写给亡故妻子的悼亡诗，以雪景写悲伤，表达了对妻子的思念之情。

雪梅（其一） 宋·卢梅坡

梅雪争春未肯降，
骚人搁笔费评章。
梅须逊雪三分白，
雪却输梅一段香。

【注释】

降（xiáng）：投降，认输。

骚人：文人，诗人。

【诗说】

梅花和雪花争着在春天展现各自的美丽，谁都不愿意认输。诗人也不得不放下手头的笔——感到难以评价。公平来看，说到雪白晶莹，梅花逊色雪花三分；而论起清香芬芳，雪花却又输给梅花了。

梅花　宋·王安石

墙角数枝梅，
凌寒独自开。
遥知不是雪，
为有暗香来。

【注释】

凌寒：冒着严寒。

【诗说】

墙角有几枝梅花，冒着严寒独自绽放。我远远望过去，就知道那不是雪花，因为隐隐有香气飘来。

四时常记古诗词180首

少年游·润州作，代人寄远

宋·苏轼………

去年相送，余杭门外，飞雪似杨花。
今年春尽，杨花似雪，犹不见还家。
对酒卷帘邀明月，风露透窗纱。
恰似姮娥怜双燕，分明照、画梁斜。

【注释】

姮（héng）娥：嫦娥。

【诗说】

去年送你到余杭城门外，飞雪连天，似杨花纷飞。今年已到春末，杨花飘絮，像雪花洒落。冬去春尽，却还不见你回家。我卷起珠帘邀请明月对饮，风露透过窗纱，寒气侵体，更觉孤单。月光照耀，仿佛嫦娥仙子更怜惜那双飞燕，偏偏让月光洒向那画梁上的燕巢。

江城子·乙卯正月二十日夜记梦

宋·苏轼

十年生死两茫茫，不思量，自难忘。千里孤坟，无处话凄凉。纵使相逢应不识，尘满面，鬓如霜。　　夜来幽梦忽还乡，小轩窗，正梳妆。相顾无言，惟有泪千行。料得年年肠断处，明月夜，短松冈。

【注释】

思量：想念。

轩：有窗户的小房子。

【诗说】

你已经离开人间十年了，这些年来，我强忍着想念，可怎么也忘不了你。如今你孤零零地埋在千里之外，我都无法在你坟前倾吐内心的凄凉。即使你的灵魂回到人间，可能也不再认识我了，因为我风尘仆仆，两鬓如霜。夜晚做梦回到故乡，你正在小窗前梳妆。我们相对无言，只是默默流泪。我是如此地想念你，你埋葬在短松冈，每年当明月照耀短松冈之时，你也会想念我，心痛到断肠吧。

江城子

乙卯正月二十日夜记梦　苏轼

十年生死两茫茫不思量自难忘千里孤坟无处话凄凉纵使相逢应不识尘满面鬓如霜夜来幽梦忽还乡小轩窗正梳妆相顾无言惟有泪千行料得年年肠断处明月夜短松冈

菩萨蛮·梅雪　宋·周邦彦

银河宛转三千曲。浴凫飞鹭澄波绿。

何处是归舟。夕阳江上楼。

天憎梅浪发。故下封枝雪。

深院卷帘看。应怜江上寒。

【注释】

浴凫（fú）飞鹭：野鸭戏水，白鹭飞翔。凫：野鸭。鹭：白鹭。

梅浪发：梅花开得很茂盛。

【诗说】

江水弯曲蜿蜒流动，鸟儿在江面上飞翔，映衬着绿波荡漾。夕阳西下，我在江边小楼上，思念远方的行人，却不知载着他的那条归舟，如今正在何处。老天爷可能也不喜欢梅花开得太多，所以特意下了一场大雪，把梅枝都封住。庭院深深，我卷起珠帘远望，思念着归舟上的那个人。不知道正在江中航行漂泊的他，是不是感觉到天气格外寒冷呢！

卜算子·雪月最相宜

宋·张孝祥……

雪月最相宜，梅雪都清绝。
去岁江南见雪时，月底梅花发。
今岁早梅开，依旧年时月。
冷艳孤光照眼明，只欠些儿雪。

【注释】

些儿：一点儿。

【诗说】

白雪和明月，是最相得益彰的。梅花和白雪，合在一起，显得清丽不俗。只可惜呀，我去年在江南看到雪时，却不见梅花，直到月底，梅花才绽放。而今年呢，梅花又略微开早了一点，而明月依旧是那样的明月。冷艳的月光从远处照过来，眼前一片明晃晃，这样的绝好景色，却偏偏少了一点儿雪！

寿阳曲·江天暮雪

元·马致远

天将暮，雪乱舞，
半梅花半飘柳絮。
江上晚来堪画处，
钓鱼人一蓑归去。

【注释】

半梅花：一半像梅花。

半飘柳絮：一半像随风飘舞的柳絮。

堪画处：景色像画一样美。

【诗说】

天色将晚，大雪纷飞，看起来既像梅花绽放，又像柳絮飘舞。日暮时分，江中雪景就像画一样美丽，唯有那钓鱼的渔翁，身披蓑衣，悠然归去。

四时常记古诗词180首

采桑子·塞上咏雪花

清·纳兰性德……….

非关癖爱轻模样，冷处偏佳。
别有根芽，不是人间富贵花。
谢娘别后谁能惜，飘泊天涯。
寒月悲笳，万里西风瀚海沙。

【注释】

谢娘：东晋才女谢道韫。她因为将雪花比作柳絮的诗句“未若柳絮因风起”，而享有才女之名。

悲笳（jiā）：悲凉的笳声。笳：中国古代乐器，其声悲壮。

瀚海：沙漠。

【诗说】

我不是因为雪花轻盈飘逸的情态而喜欢它，而是喜欢它在冷处生长，有自己的根芽，不似人间那些富贵花。自从才女谢道韫逝世后，还有谁怜惜它漂泊天涯呢？它在寒冷月夜的悲伤笳声里飘荡，被西风吹向那万里之外的沙漠，感受着风吹黄沙的悲凉。

十二月十五夜　清·袁枚

沉沉更鼓急，
渐渐人声绝。
吹灯窗更明，
月照一天雪。

【注释】

更（gēng）鼓：打更用的鼓，古代通过打更鼓报时。

【诗说】

沉闷的更鼓声一声声急急传来，人的声音渐渐消失。夜已深，我吹灭了房间里的灯，却发现窗外透进来的光更明亮了。原来是因为下了一天雪，月光照耀着白雪，使得夜色格外明亮。

西林十六景图　张复〔明〕

二／春好处

四时常记古诗词

180首

和晋陵陆丞早春游望 唐·杜审言
春晓 唐·孟浩然
次北固山下 唐·王湾
相思 唐·王维
绝句二首（其一） 唐·杜甫
春夜喜雨 唐·杜甫
早春呈水部张十八员外二首（其一） 唐·韩愈
春雪 唐·韩愈
忆江南 唐·白居易
元日 宋·王安石
惠崇春江晚景 宋·苏轼
饮湖上初晴后雨二首（其二） 宋·苏轼
栖禅暮归书所见二首（其二） 宋·唐庚
春日 宋·朱熹
村居 清·高鼎

四时常记古诗词180首

和晋陵陆丞早春游望

唐·杜审言

独有宦游人，偏惊物候新。

云霞出海曙，梅柳渡江春。

淑气催黄鸟，晴光转绿苹。

忽闻歌古调，归思欲沾襟。

【注释】

和：用诗应答。

晋陵：今江苏常州。

绿苹（píng）：浮萍。

【诗说】

漂泊无依的生活使人变得敏感，尤其是远游的诗人，对物候的变迁有着特殊的敏锐直觉。看，大海之上云蒸霞蔚，灿烂非常，一轮旭日即将东升。此刻的江南早已是梅红柳绿，而江北才刚刚有春回大地的迹象。对物候变化敏感的，还有黄莺，它在用歌唱预告着春天的到来。绿色的浮萍在明媚的春光照耀下颜色显得愈发深。在这早春时节的美景中，我沉醉东风，忽然听到你歌唱古朴的曲调，一下子触发了我思乡的情愫，眼泪不自觉地洒满了衣裳。

春晓　唐·孟浩然

春眠不觉晓，
处处闻啼鸟。
夜来风雨声，
花落知多少？

【注释】

晓：早晨，天刚亮的时候。

【诗说】

春天的早上我总喜欢贪睡，不知不觉天光大亮，早已破晓，搅乱我的酣眠的一定是那些叽叽喳喳的小鸟。昨天夜里也没能睡好，风声夹杂着雨声一直不断，那娇美的春花，不知道又被吹落了多少！

孟浩然亲近自然，善于把从心底里流淌出的大白话组织成毫无雕琢痕迹的绝妙好辞。春风春雨吹落花，是再自然不过的事情，就像被鸟儿吵得失眠一样。但经过诗人的妙手组合，就恬淡自然，充满诗情画意了。

次北固山下　唐·王湾

客路青山外，行舟绿水前。
潮平两岸阔，风正一帆悬。
海日生残夜，江春入旧年。
乡书何处达，归雁洛阳边。

【注释】

次：旅途中暂时停泊。

北固山：在江苏镇江市以北，三面临长江。

归雁：大雁每年秋天飞往南方，春天飞往北方。古人有鸿雁传书之说。

【诗说】

一叶扁舟，载着诗人远行。青山重重叠叠，船行驶在碧绿的江水上。春天的潮水一波波涨起，使得两岸之间的水面越发宽阔。船顺风而行，船帆高高悬起。夜幕还没有完全褪去的时候，旭日已经跃出天际线，冉冉升起。江南的春天来得太早了，旧年还没有结束，春气便已袭来。不知寄出的家信何时才能到达，希望能让北归的大雁将书信捎回洛阳家中。

相思　唐·王维

红豆生南国，
春来发几枝？
愿君多采撷，
此物最相思。

【注释】

红豆：又名相思子，江南特有的一种植物，果实鲜红浑圆，晶莹如珊瑚，南方人常用以镶嵌饰物。

采撷（xié）：采摘。

【诗说】

阳光明媚、雨水丰沛的江南，才能孕育生长出鲜红浑圆的红豆。春暖花开的季节到了，不知又有多少柔嫩的枝条生长出来呢？满怀相思的人啊，希望你们多多采摘它吧！因为这小小的红豆，最能引起人们相思的情绪。

为什么红豆就引人相思？诗人没解释。但王维表达的是真性情，因为见到红豆，所以思念起故人或故土，看似无来由，实则在两种崭新事物之间新建立了一种逻辑关系，给人以新鲜的体验与触动。这首诗可以传诵千古，奥秘大概就在这里。

绝句二首（其一） 唐·杜甫

迟日江山丽，
春风花草香。
泥融飞燕子，
沙暖睡鸳鸯。

【注释】

迟日：春日，语出《诗经·豳风·七月》中的“春日迟迟”，因春天日照逐渐增长，所以称迟日。

泥融：泥土湿润。

鸳（yuān）鸯（yāng）：一种水鸟，雄鸟与雌鸟常双双出没，民间文学常用它们比喻夫妻。

【诗说】

春回大地，日照一天天变长。江天山色都沐浴在春光里，山朗润起来了，水涨起来了，江水碧绿澄澈。春风阵阵，送来的不仅仅是暖意，还有新发的花草的芳香。江上飞过几只小燕子，它们嘴里都衔着湿泥。是啊，春色撩人，燕子也要抓紧筑造自己的安乐窝了。和勤劳的燕子不同，江岸之上，正安稳地沉睡着几对鸳鸯。也许鸳鸯朦胧的意识里飘过这样一个念头：嘿，细沙让阳光晒得暖暖的，好一张舒适的大床！

春夜喜雨　唐·杜甫

好雨知时节，当春乃发生。
随风潜入夜，润物细无声。
野径云俱黑，江船火独明。
晓看红湿处，花重锦官城。

【注释】

乃：就。

潜（qián）：暗暗地，悄悄地。这里指春雨在夜里随风而至。

花重（zhòng）：花因为饱含雨水而显得沉重。

锦官城：成都别称。

【诗说】

雨水好像知道时节，专挑万物萌生的春天降临。春雨伴着春风，在夜晚悄悄下起来。春雨绵绵，细密如织，无声无息地滋润着山河大地、草木万物。浓云翻滚，密布天际，笼罩了田间小路，在阴沉的雨夜里，只有江边渔船上的点点渔火亮着，显得格外耀眼。诗人心下盘算着，等明早天亮的时候，蜀地潮湿的泥土上必定开满了红色的花朵，那带着露水的鲜花一定会让成都的大街小巷呈现出一派万紫千红的绚丽图景。

春夜喜雨

杜甫

好雨知时节，当春乃发生。
随风潜入夜，润物细无声。
野径云俱黑，江船火独明。
晓看红湿处，花重锦官城。

早春呈水部张十八员外二首（其一）

唐·韩愈

天街小雨润如酥，
草色遥看近却无。
最是一年春好处，
绝胜烟柳满皇都。

【注释】

呈：恭敬地送给。

水部张十八员外：指张籍，唐代诗人。因在同族兄弟中排行十八，故称“张十八”。

天街：京城街道。

皇都：帝都，此处指长安。

【诗说】

京城长安的大道上，绵绵细雨，从天而降。远远望去，草地已返青，绿色好像连成了一片，近看时却稀疏零星，似有若无。宁静、安详，甚至还有几分孤寂的早春是一年中最美的季节，远胜过绿柳满绕长安城、游人踏遍天街的暮春季节。

与杨巨源的《城东早春》一样，在韩愈眼中，早春的空旷与朦胧，最为迷人。

早春呈水部张十八员外二首

其一　韩愈

天街小雨润如酥
草色遥看近却无
最是一年春好处
绝胜烟柳满皇都

春雪　唐·韩愈

新年都未有芳华，
二月初惊见草芽。
白雪却嫌春色晚，
故穿庭树作飞花。

【注释】

新年：农历正月初一。

嫌：嫌怨，怨恨。

【诗说】

农历的新年已经过完了，却仍然看不到芬芳的花朵，今年的春天可真是来得够晚的。二月里的某一天，不经意间诗人惊喜地发现，有小草冒出了新芽。绿意刚刚开始生发，你看，就连白雪也嫌弃春天来得太晚了，所以有意化作花儿，飞舞雀跃在庭院里的树枝间，假装为春天弥补鲜花不足的遗憾。

春雪令人怜惜的地方就在于，它催生了春天的芳华，而不是摧折了秋天的硕果。

忆江南 唐·白居易

江南好，
风景旧曾谙。
日出江花红胜火，
春来江水绿如蓝。
能不忆江南？

【注释】

忆江南：本为唐教坊曲名，到了晚唐、五代时期，成为词牌名。

谙（ān）：熟悉。

【诗说】

江南的风光景致多么美好，秀丽的山川，明媚的春色，对此般如画风景，诗人早已非常熟悉。春天到来之时，太阳从江面上冉冉升起，把江边盛开的繁花照耀成一片无比鲜艳的火红色，而碧绿的江水也因为阳光的折射显得更加浓重，胜过染布的蓝草。诗人心目中的江南是这般美丽，怎能叫人不怀念呢？

忆江南　白居易

江南好
风景旧曾谙
日出江花红胜火
春来江水绿如蓝
能不忆江南

元日　宋·王安石

爆竹声中一岁除，
春风送暖入屠苏。
千门万户曈曈日，
总把新桃换旧符。

【注释】

元日：春节，农历正月初一。

屠苏：屠苏酒，饮屠苏酒是古代过年的一种习俗，全家合饮用屠苏草浸泡的酒，以驱邪避瘟疫，求得长寿。

曈（tóng）曈：日出明亮的样子。

桃：桃符。古代风俗，农历正月初一，人们用桃木板写上神荼（shū）、郁垒（lù）两位神灵的名字，悬挂在门旁，用以压邪。后来演化成春联。

【诗说】

一阵阵爆竹声此起彼伏。在爆竹声中，旧的一年过去了，春风送来了温暖，也送来了新的一年。千家万户的人们都在畅饮新酿的屠苏美酒，祈求躲避瘟疫、福寿绵长。初升的太阳照耀进千家万户，人们都忙着把旧的桃符取下，换上新的桃符。桃符上的门神威严端庄，守护着人们和谐安宁的幸福生活。

惠崇春江晚景　宋·苏轼

竹外桃花三两枝，
春江水暖鸭先知。
蒌蒿满地芦芽短，
正是河豚欲上时。

【注释】

惠崇：宋初九僧之一，建阳（今福建）人，能诗善画。《春江晚景》是惠崇所作画名，共两幅，一幅为鸭戏图，一幅为飞雁图。这首诗是作者元丰八年春天在靖江欲南返时所见江边情景的真实写照。

蒌蒿：一种草本植物，可食用。

芦芽：芦苇的幼芽，可食用。

河豚：鱼类的一种，肉味鲜美，但卵巢和肝脏等内脏有剧毒。

【诗说】

修长茂密的竹林外，两三枝桃花初绽。天气虽然寒冷，但初春时江水已渐渐回暖。水中游弋的鸭子是最先知道江水的温暖的。岸边长满鲜嫩的蒌蒿，经年的芦苇老根也开始抽出新芽来。此时的江心，河豚正逆流而上。

这就是北宋初年诗僧惠崇所画《春江晚景》的内容，经苏东坡巧妙点染，如今画作早已亡佚，而诗歌长留人间。

饮湖上初晴后雨二首（其二） 宋·苏轼

水光潋滟晴方好，
山色空蒙雨亦奇。
欲把西湖比西子，
淡妆浓抹总相宜。

【注释】

潋（liàn）滟（yàn）：波光粼粼的样子。

空蒙：细雨迷蒙的样子。

西子：即西施，古代四大美女之一。

【读诗】

天气晴朗、风和日丽的时候，温暖的阳光照射在西湖湖面上，波光粼粼，使得湖光山色都更加明丽了；而到了雨天，周围的群山掩映在烟雨当中，若隐若现的西湖宛如仙境，真乃人间奇境！美人和美景总是相似的，无论是淡妆还是浓妆，西施都是倾城倾国的，而西湖，无论是晴天还是雨天，也都美得无可挑剔。

栖禅暮归书所见二首（其二）

宋·唐庚

春着湖烟腻，
晴摇野水光。
草青仍过雨，
山紫更斜阳。

【注释】

仍：再，又。

【诗说】

春天来了，在岭南山间，湿度渐渐增加，水汽升腾。湖上烟霭缭绕，看上去油腻腻的。晴光照耀，野外的河流池塘，波光粼粼。青青的小草经过春雨的一番冲洗，显得更加青翠欲滴了。烟光凝聚的山顶之上，呈现出紫色的光辉。即将落下的斜阳，返照在苍翠的山峰之间，给山色湖光更增添了几分润泽与迷离。

春日　宋·朱熹

胜日寻芳泗水滨，
无边光景一时新。
等闲识得东风面，
万紫千红总是春。

【注释】

胜日：原指节日或亲朋相聚之日，此处指晴日。

泗水：河名，在山东。

等闲：寻常，随便。

【诗说】

风和日丽的天气，诗人游春到泗水之滨，春日的美景给人耳目焕然一新的感觉。春天的面貌多姿多彩，春风的吹拂下，百花开放，万紫千红，真是一派美好景致。

这首诗表面上看是写诗人游春的感受，实际上是一首哲理诗。朱熹生活在南宋，一生都不可能去已经被金人占领的泗水游春。这里的泗水借指孔子的学问。他将孔子的学问比作催生万物的春风，任何人都可以接触到，也能够给世界带来万紫千红的绚烂春色。

村居　清·高鼎

草长莺飞二月天，
拂堤杨柳醉春烟。
儿童散学归来早，
忙趁东风放纸鸢。

【注释】

纸鸢（yuān）：风筝。

【诗说】

农历二月，村子前后的青草已经渐渐萌发生长。黄莺飞来飞去，叫嚷不停。杨柳披着长长的碧绿枝条，随风摆动，给人一种轻拂堤岸的错觉。水泽和草木之间蒸发出的水汽，如同烟雾一般凝集着、升腾着、扩散着。杨柳似乎都陶醉在这美丽的景色中了。村里的孩子们却不管这些，私塾一放学，他们就迫不及待地跑回家，拿出纸鸢，迎风放飞。纸鸢自由自在地翱翔在天际，孩子们的欢声笑语回响在村庄郊野。

山水图　沈宗骞〔清〕

四时常记古诗词180首

三/绿丝绦

四时常记古诗词180首

春江花月夜
（节选）

唐·张若虚

春江潮水连海平，

海上明月共潮生。

滟滟随波千万里，

何处春江无月明。

【注释】

滟（yàn）滟：波光荡漾的样子。

【诗说】

江水春潮阵阵，浩浩荡荡向东而去，浩瀚无垠的江潮，仿佛与大海连在了一起。此时，一轮明月升起，仿佛是被气势滔天的潮水吞吐而出。随潮而生的月亮明亮皎洁，月光洒在这波光粼粼的春江之上，把整个江面都照得通透明澈，而月光闪耀千万里，有哪一处的春江不在这明月的朗照之中呢？

浩浩荡荡的潮水沐浴在月光之下，月光铺展在江面之上，绵延千万里，这景色何其壮观，何其雄伟！

仲春郊外　唐·王勃

东园垂柳径，西堰落花津。
物色连三月，风光绝四邻。
鸟飞村觉曙，鱼戏水知春。
初晴山院里，何处染嚣尘。

【注释】

仲春：春季的第二个月，即农历二月。

堰：水坝。

津：渡口。

物色：景色，景物。

曙：破晓，天刚亮。

【诗说】

在一处远离尘世喧嚣的山间庭院里，东边花园里的小径和西边水坝的渡口被垂柳和落花掩映着。鸟儿飞来飞去，传递着春回大地的消息，鱼儿也没闲着，它们最先感受到了河水的温暖，沐浴着春光，在河水里游来游去。此等景致风光，从新春伊始要持续好几个月呢，但也仅仅在这雨后初晴的空山庭院里，你才能领略到全貌。为什么呢？因为这里自然天成，毫无尘世俗物所沾染的痕迹，只有这样才能让你脱胎换骨，明心见自然啊！

咏柳　唐·贺知章

碧玉妆成一树高，
万条垂下绿丝绦。
不知细叶谁裁出，
二月春风似剪刀。

【注释】

丝绦（tāo）：用丝线编织成的带子。

【诗说】

美人如柳，柳更似美人。古人不断歌咏的“小家碧玉”欣欣然梳洗装扮，站在你面前，亭亭玉立，像杨柳一样修长高挑。她碧绿的衣带当风垂下，徐徐轻摆。这摆动的青翠衣带好似由千万条细叶构成，究竟是哪位裁缝如此巧夺天工？只有早春二月的和风，像一把无形的剪刀，年复一年地创造着自然的杰作。

鸟鸣涧　唐·王维

人闲桂花落，
夜静春山空。
月出惊山鸟，
时鸣春涧中。

【注释】

涧：山涧。

时：偶尔。

【诗说】

宁静的春夜，空寂的山谷幽静非常，那悄无声息落下的桂花，反而给这山涧带来了一丝动态的气息。月亮缓缓升起，它的光辉洒在山涧里，惊动了栖息的鸟儿。被惊醒的鸟儿在这万籁俱寂的春涧里，发出一阵嘈杂的鸣叫声。这偶然的鸣叫，不仅没有搅扰山中的宁静，反而让这山谷显得越发安闲自在了。

送元二使安西

唐·王维

渭城朝雨浥轻尘，
客舍青青柳色新。
劝君更尽一杯酒，
西出阳关无故人。

【注释】

朝（zhāo）雨：早晨下的雨。

浥（yì）：润湿。

尽：喝干。

阳关：在今甘肃省敦煌西南，是古代边塞。

【诗说】

一个寻常的春日，清晨时分的点点细雨滴落，润湿了地上的灰尘，西去的驿道一眼望不到尽头。多亏了这场雨，昔日尘土飞扬的道路，今日格外洁净、清爽。这正是出行的好日子。从旅舍出来，道路两旁的杨柳经过朝雨的冲洗，也显现出一派翠绿的本色。今日送别，我想开口挽留，却只能不停地劝你再多喝一杯酒，因为从长安西行、出了阳关，就再也见不到故人的身影了。

这是一场深情的离别，“朝雨”“青青”“新”等词语，读之轻柔明快，赋予了诗歌轻快而富于希望的情调。

送元二使安西

王维

渭城朝雨浥轻尘，
客舍青青柳色新。
劝君更尽一杯酒，
西出阳关无故人。

黄鹤楼送孟浩然之广陵

唐·李白………

故人西辞黄鹤楼，
烟花三月下扬州。
孤帆远影碧空尽，
唯见长江天际流。

【注释】

黄鹤楼：在今湖北武汉市武昌蛇山的黄鹄矶上，传说三国时费祎于此登仙乘黄鹤而去，故称黄鹤楼。

广陵：今江苏扬州。

【诗说】

在黄鹤楼辞别旧友之后，他就一路乘船远游，前往柳絮如烟、花团锦簇的扬州了。离愁别绪涌上心头，我在黄鹤楼登楼远眺，目送他远去。整个江面上，只有他乘坐的这一艘帆船随着滚滚江水奔向远方，最终消失在水天一线之间。任我再怎么登高望远，目光所及，都难以寻觅到孤帆的影子，只能看见春日里的长江，不知疲倦地奔涌向天空的尽头。

黄鹤楼送孟浩然之广陵

李白

故人西辞黄鹤楼
烟花三月下扬州
孤帆远影碧空尽
唯见长江天际流

春夜洛城闻笛 唐·李白

谁家玉笛暗飞声，
散入春风满洛城。
此夜曲中闻折柳，
何人不起故园情。

【诗说】

宁静的春夜里，不知从何处传来了悠扬婉转的笛声。也许是夜太静谧了，这笛声随着春风四处飘荡，整个洛阳城似乎都沉浸在这美妙动听的笛声当中了。细细欣赏就会发现，此刻吹奏的曲子，不正是那首表达思乡之情的《折杨柳》吗？这曲调深情款款，婉转动人，不管是谁听到，怀乡之情怎能不油然而生呢？

春望　唐·杜甫

国破山河在，城春草木深。
感时花溅泪，恨别鸟惊心。
烽火连三月，家书抵万金。
白头搔更短，浑欲不胜簪。

【注释】

国：国都，此处指长安。

烽火：古时边防报警的烟火，这里指安史之乱的战火。

抵：值，相当。

搔（sāo）：用手指轻轻地抓。

【诗说】

国都长安沦陷，国家破碎，只有山河依旧不改容颜。春天来了，人烟稀少的长安城里草木茂密。昔日熙熙攘攘的街道变得荒无人烟，这巨大的反差怎能不令人感伤，见到花开也不由自主地涕泪横流。飞鸟的一声哀鸣，更使我心惊肉跳，徒增离愁别恨。连绵的战火已经延续了三个月，而战乱中最难得的要算家书了，一封写着家人平安的书信可抵得上万两黄金。愁绪缠绕，搔头思考，我的白发越搔越短，简直不能再插簪子了。

绝句四首（其三） 唐·杜甫

两个黄鹂鸣翠柳，
一行白鹭上青天。
窗含西岭千秋雪，
门泊东吴万里船。

【注释】

西岭：西山雪岭，即成都西南的岷山，因岭上积雪常年不化，故积聚成了“千秋雪”。

泊：停泊。

【诗说】

黄鹂成双成对地隐藏在翠绿的柳条间，它们歌唱着春天，礼赞着自然；一行白鹭排成队，整齐划一地飞向天边，真是到了春光明媚的时节。极目远眺，透过窗户能看见西岭山顶上那终年不化的皑皑白雪。回转过神来，就能看到自家门前停泊着的许多船只，它们是从遥远的吴地不远万里航行而来的。而在西岭雪山与万里泊船之间的，就是充满诗情画意的家。

江畔独步寻花七绝句（其六）

唐·杜甫

黄四娘家花满蹊，
千朵万朵压枝低。
留连戏蝶时时舞，
自在娇莺恰恰啼。

【注释】

黄四娘：杜甫住在成都草堂时的邻居。“娘”或“娘子”是唐代习惯上对妇女的美称。

蹊（xī）：小路。

【诗说】

黄四娘是一位热爱生活的好邻居，她栽种的花儿每年春天都开得异常茂盛，把整条小路都盖满了。万千花朵，绽放在翠绿的枝头，将枝条压得离地面很近很近。我眷恋着在芬芳的花朵之间时时飞舞的彩蝶，以及自由自在的黄莺“恰恰”的欢啼声。彩蝶采蜜，黄莺求偶，虽然都是自然的需求，但在我看来却是这般美好、纯真，一如这不经意之间铺满小径的鲜花。

钱塘湖春行　唐·白居易

孤山寺北贾亭西，水面初平云脚低。

几处早莺争暖树，谁家新燕啄春泥。

乱花渐欲迷人眼，浅草才能没马蹄。

最爱湖东行不足，绿杨阴里白沙堤。

【注释】

孤山寺：南北朝时期陈文帝初年建。因与其他山不相连，故称孤山，其上有孤山亭，可俯瞰西湖全景。

贾亭：一名贾公亭，西湖名胜之一，唐朝贾全所筑。

没（mò）：没过。

阴：同“荫”，即树荫。

【诗说】

春日里游览西湖，走到孤山寺北面，贾公亭之西，我停下脚步暂作歇息。这里风景独好，无风的西湖水面平静，白云驻足在天边，静谧安详。在树林里，几只黄莺儿喳喳叫着，好像在争着飞向向阳的树木，一只只燕子啄着春泥，正寻找合适的人家筑巢安居。这个季节鲜花绚丽，令人眼花缭乱，野草才刚刚没过马蹄。我最爱这湖东景象，那被绿杨的树荫掩盖的白沙堤，走多少次都不会厌倦。

江南春　唐·杜牧

千里莺啼绿映红，
水村山郭酒旗风。
南朝四百八十寺，
多少楼台烟雨中。

【注释】

郭（guò）：外城。

南朝：指先后与北朝对峙的宋、齐、梁、陈政权。

【诗说】

绿树红花交相辉映的江南春色，绵延千里，鸟儿的鸣叫声经久不绝，周边的渔村和山外小镇里挂满了招揽客人的酒旗。南朝时修建了几百座佛寺，它们散落在江南水乡的各个角落，笼罩在这江南烟雨中。

当时那好佛的皇帝，也已化为枯骨。而今在欣赏江南美景之时，作为后来人，我们也要吸取历史的教训啊！

泊船瓜洲　宋·王安石

京口瓜洲一水间，
钟山只隔数重山。
春风又绿江南岸，
明月何时照我还？

【注释】

京口：古城名。今为江苏镇江市下辖区。

瓜洲：镇名，位于现在扬州邗江区，与位于长江南岸的瓜洲隔江相望。

钟山：今南京紫金山，在江苏省南京市玄武区。

还：回（家乡）。

【诗说】

站在长江北岸的瓜洲渡口，放眼望去，南岸的京口离瓜洲只有一江之隔，想来，往返其间是非常容易的。其实我的家乡钟山，距此也仅仅数山之隔，虽然不远，可想要回去，又谈何容易呢？你看那春风，一年一年地如期而至，江南的花红柳绿，都是它一夜之间带来的啊。伫立良久，不觉天色已晚，皓月东升，勾起我对故乡的思念之情，明月啊，你可知我何时才能回到故土呢？

泊船瓜洲

王安石

京口瓜洲一水间
钟山只隔数重山
春风又绿江南岸
明月何时照我还

游山西村　宋・陆游

莫笑农家腊酒浑，丰年留客足鸡豚。
山重水复疑无路，柳暗花明又一村。
箫鼓追随春社近，衣冠简朴古风存。
从今若许闲乘月，拄杖无时夜叩门。

【注释】

豚（tún）：小猪，诗中代指猪肉。

箫鼓：吹箫打鼓，诗中作为动词。

春社：古代立春后第五个戊日即春社日，古人在这一天祭祀土地和五谷神。

【读诗】

诗人在家闲居期间游览了一个名叫山西村的小村庄，此时恰逢丰收时节，家家户户拿出好酒好肉，以丰盛的菜肴款待诗人。村民热情好客，还一个劲儿嘱咐他：不要嘲笑农家腊月里新酿的酒浑浊不好喝，在这样的丰收年景里，有足够的美味来招待客人。重重叠叠的山峦和曲曲折折的流水让人担心无路可走的时候，忽然花红柳绿，另一个山村又映入眼帘。村寨里民风淳朴，每逢春社日，大家都聚集在一起吹箫敲打社鼓，村民们个个衣冠简朴，淳朴的古风犹存。美妙的山村处处让人留恋，诗人不禁感慨：今后如果还有机会乘着月色出游，我一定会拄着拐杖来敲村中人家的门。

游园不值　宋·叶绍翁

应怜屐齿印苍苔，
小扣柴扉久不开。
春色满园关不住，
一枝红杏出墙来。

【注释】

屐（jī）：木鞋。屐齿：木鞋底部的凸起。

柴扉（fēi）：用木柴、树枝编成的门。

【诗说】

大概是院子的主人爱惜满院子的青苔，怕我的木底鞋在上面留下一串脚印。我轻轻地敲着柴门，好久也没人来开门。虽然主人不愿意让我进去欣赏风景，可这满园的春色是柴门关也关不住的。你看，一枝开得正旺的红杏花伸到墙外来了，不经意间就泄露了园内春的气息。

白鹭晴波　郭存仁〔明〕

四／桃花开

四时常记古诗词

180首

清平调（其一） 唐・李白
月夜 唐・刘方平
绝句漫兴九首（其五） 唐・杜甫
江畔独步寻花七绝句（其五） 唐・杜甫
苏溪亭 唐・戴叔伦
渔歌子・西塞山前白鹭飞 唐・张志和
滁州西涧 唐・韦应物
大林寺桃花 唐・白居易
题都城南庄 唐・崔护
清明 唐・杜牧
清明 宋・王禹偁
破阵子・春景 宋・晏殊
海棠 宋・苏轼
临安春雨初霁 宋・陆游
乡村四月 宋・翁卷

清平调（其一） 唐·李白

云想衣裳花想容，
春风拂槛露华浓。
若非群玉山头见，
会向瑶台月下逢。

【注释】

清平调：李白自创的一种曲调。

槛（jiàn）：栏杆。

【诗说】

天边的云彩和地上的花朵都想与杨贵妃的衣服和容颜一争高下：灿烂的云霞想与贵妃华丽的衣裳媲美，艳丽的花朵想和贵妃的娇容比美。春风吹拂着栏杆，花朵有了露珠的润泽，也变得更加灵动鲜艳。如此的国色天香，一定不是凡间之物。如果不是在群玉山头神仙居所见到，那一定是在王母娘娘的瑶池里，在仙境，在清幽爽朗的月光下才会相逢。

月夜　唐·刘方平

更深月色半人家，
北斗阑干南斗斜。
今夜偏知春气暖，
虫声新透绿窗纱。

【注释】

更：古时夜间计时的单位，一夜分成五更，每更约两个小时。

北斗：北斗七星，在北方天空排列成斗形的七颗亮星。

阑干：横斜的样子。

南斗：北斗星以南，有星六颗，形似斗，故称“南斗”。

【诗说】

夜更深了，皎洁的月光只照亮了房屋的一半，而另一半仍然隐藏在似乎无尽的黑夜里。先是北斗星倾斜了，紧接着，南斗星也倾斜了。诗人直到今夜才明白过来，原来春天已来临。你听，那被新长出来的树叶映绿的窗纱外，唧唧的小虫在鸣叫，这寂静月夜下的虫鸣可是今年头一次传进屋里。

绝句漫兴九首（其五） 唐·杜甫

肠断江春欲尽头，
杖藜徐步立芳洲。
颠狂柳絮随风舞，
轻薄桃花逐水流。

【注释】

杖藜（lí）：拄着手杖行走。

颠狂：此处引申为放荡不羁。

【诗说】

诗人拄着拐杖漫步江头，站在芳洲之上，远眺暮春江景，不禁感慨：都说春天江中景物芳妍，而春天快要走到尽头的时候，又怎么能够不让人伤感呢？你看那轻飘飘的柳絮肆无忌惮地随风飞舞，无所归依；那轻薄不自重的桃花落蕊，也正追逐着滚滚江水向东流去。

江畔独步寻花七绝句（其五）　唐·杜甫

黄师塔前江水东，

春光懒困倚微风。

桃花一簇开无主，

可爱深红爱浅红？

【注释】

江畔：指成都锦江之滨。

一簇：一丛。

【读诗】

诗人定居草堂之后，看着这锦江之滨的春光如此美好，却没有好友能一同赏游，只好独自漫步在那江畔。黄师塔前的江水向东流去，没有停歇，不知疲倦。在这暖洋洋的春日里，诗人懒懒的，有些困乏了，阵阵微风吹来，倚风小憩，真是惬意啊！一丛丛桃花迎着春风盛开，没有人照料，却开得那般大胆、那般热烈、那般恣肆，不受任何约束地展现着它们旺盛的生命力，表达着它们对春天的热情。哎呀，看来看去也无法抉择了，到底是深红的那一簇好看，还是浅红的那一簇更美呢？

苏溪亭　唐·戴叔伦

苏溪亭上草漫漫，
谁倚东风十二阑。
燕子不归春事晚，
一汀烟雨杏花寒。

【注释】

漫漫：无边无际。

汀：水边平地，小洲。

【诗说】

暮春时节，苏溪亭上的野草已十分茂密，填满了整个溪山。春草碧色，春水绿波，这样的情境，最容易引出诗人的离愁别绪：究竟是谁在东风的吹拂里，斜倚栏杆？那人是在模仿《西洲曲》里“鸿飞满西洲，望郎上青楼”的佳人吗？燕子还没有飞回旧窝，而此时美好的春光已经快要结束了。孤独的一片沙洲，笼罩在淡烟苦雨里，就连往日妖冶异常的杏花，也在料峭的春寒中，显得楚楚可怜，甚至有些凄凉婉转。

渔歌子·西塞山前白鹭飞

唐·张志和

西塞山前白鹭飞，

桃花流水鳜鱼肥。

青箬笠，绿蓑衣，

斜风细雨不须归。

【注释】

渔歌子：词牌名，又名《渔父》。词牌《渔歌子》据说就是因张志和写的这首《渔歌子》而得名。

鳜（guì）鱼：江南又称桂鱼，肉质鲜美。

箬（ruò）笠：用竹子编做的斗笠。

蓑（suō）衣：用草或棕麻编织的雨衣。

【读诗】

西塞山前飞过几只白鹭鸟，自由自在，无拘无束；江岸上正值桃花盛开、春水初涨的美好节令。瓣瓣桃花落入潺潺流水，而水中的鳜鱼格外肥美。一位头戴青色斗笠、身披绿色蓑衣的渔翁，独立在斜风细雨中，悠然自得地垂钓，下雨了他也不急于回家。

青山烟雨、江上渔舟，碧空白鹭、岸畔桃红，青箬笠、绿蓑衣，画面活色生香、光彩灵动，饱含着超凡脱俗的自然情韵与诗人忘却尘世的隐逸情怀。

滁州西涧　唐·韦应物

独怜幽草涧边生，
上有黄鹂深树鸣。
春潮带雨晚来急，
野渡无人舟自横。

【注释】

滁（chú）州西涧：在安徽滁州城西郊野。

幽草：幽谷里的小草。

【诗说】

我来到滁州，最喜爱的是涧边生长的幽幽野草，还有那树丛深处婉转啼唱的黄鹂。野草恣意生长，黄鹂自在鸣叫，充满着野趣与生机。忽然间，暮春的潮水逐浪而高，夹带着密密细雨。夕阳西下，晚春急雨，在荒野中的渡口，没有行人经过，而宽阔的河面上，只有一条小船悠闲地横在水面上，任由春潮拍打，急雨淋湿。

滁州西涧

独怜幽草涧边生
上有黄鹂深树鸣
春潮带雨晚来急
野渡无人舟自横

大林寺桃花　唐·白居易

人间四月芳菲尽，
山寺桃花始盛开。
长恨春归无觅处，
不知转入此中来。

【注释】

大林寺：位于江西庐山大林峰，为中国佛教胜地之一。

长恨：常常惋惜、怅恨。

【诗说】

农历四月里，百花已凋零殆尽，而位于庐山顶上的古寺大林寺里，鲜艳的桃花才刚刚盛开。我常为春光逝去之后无迹可寻而感到惆怅，甚至怨恨，却不知道春色原来已经悄然转移到这深山圣境来了。

题都城南庄　唐·崔护

去年今日此门中，
人面桃花相映红。
人面不知何处去，
桃花依旧笑春风。

【注释】

都：国都，诗中指唐朝京城长安。

【诗说】

传说诗人崔护年轻的时候，在朋友家中偶然邂逅了一位美人。碍于礼法，他不能与这女子谈情说爱，但这段经历铭刻在他的心里。当他第二年再次去探望朋友之时，得知那位姑娘已经出嫁。他怅然若失地写下了这首名诗：

去年春天，也是在这道门里，姑娘你的脸庞，明媚有如门外的桃花。今天我再次到访此地，姑娘你已不知到何处去了，只留下桃花仍然在暮春里绽放，隐隐含笑。

清明　唐·杜牧

清明时节雨纷纷，
路上行人欲断魂。
借问酒家何处有，
牧童遥指杏花村。

【注释】

杏花村：说法不一，一说在安徽贵池秀山门外。

【诗说】

清明时节细雨纷纷，扫墓归来的人们也许因为雨后道路泥泞，也许因为思念亡故的亲人，有些失魂落魄。诗人在细雨中默默体会着过往旅人的苦难。这时，一个小牧童牵着牛，飘然而至。诗人上前施礼，询问哪里有卖酒的人家。牧童笑而不答，指了指远处的杏花村。

清明

杜牧

清明时节雨纷纷，
路上行人欲断魂。
借问酒家何处有，
牧童遥指杏花村。

清明　宋·王禹偁

无花无酒过清明，
兴味萧然似野僧。
昨日邻家乞新火，
晓窗分与读书灯。

【注释】

新火：唐宋习俗，清明前一日禁火，为寒食节，清明当天重新起火，称为“新火”。

【诗说】

春雨绵绵，天气阴沉，清明到来了，没有花朵可以欣赏，也没有美酒可以消愁，这样寂寞清苦的生活，像荒山野庙中的僧侣一样。清明的前一日是寒食节，诗人从邻家借来新燃的火种，赶在清明一大早，就在窗前点灯，正襟危坐，读起书来。其实，过清明，又何必一定要有春花、美酒这些标配呢？

破阵子·春景　宋·晏殊

燕子来时新社，梨花落后清明。池上碧苔三四点，叶底黄鹂一两声。日长飞絮轻。　巧笑东邻女伴，采桑径里逢迎。疑怪昨宵春梦好，元是今朝斗草赢。笑从双脸生。

【注释】

破阵子：词牌名。

新社：春社，是古代祭祀土地神的日子。

斗草：古代的一种游戏。

【诗说】

春天的脚步来到了这片希望的土地，春社之时燕子飞回来了，梨花凋谢之后又迎来了清明节。在池塘周围，星星点点的绿色，正是经历了春雨洗礼的苔藓。时不时可以听到两声黄鹂鸟的叫声，仔细一看，原来它们都掩映在了茂密的树荫中。漫天的飞絮随风飘动，让人仿佛置身梦境。东邻的女伴笑得那样美好，在采桑的路上恰好与她相遇，心中暗想，她是不是昨晚做了美梦。原来，她今天玩斗草游戏拔得了头筹，笑意便不由自主地泛上了双颊。

荷香水榭图　恽寿平〔清〕

海棠　宋·苏轼

东风袅袅泛崇光，
香雾空蒙月转廊。
只恐夜深花睡去，
故烧高烛照红妆。

【注释】

袅袅（niǎo）：微风轻轻吹拂的样子。

崇光：高贵华美、日益滋长的春光。

夜深花睡去：暗引唐玄宗以花喻人，赞杨贵妃“海棠睡未足耳”的典故。史载，唐玄宗召杨贵妃同宴，而妃宿酒未醒，玄宗调侃道：“岂是妃子醉耶？真海棠睡未足耳。”

【诗说】

暮春夜晚，袅袅的东风吹动了淡淡的云彩，月色凄迷动人，与日益滋长的华美春光交相辉映。海棠花的芬芳气息实在浓烈，朦胧的雾气都被它熏染了。此刻，月亮已经移过了院中的回廊。多情的诗人只害怕在这深夜时分，花儿会沉沉睡去。特地在高处点燃几只蜡烛，表面上是提醒花儿莫要懈怠，实则是不肯错过夜半欣赏海棠的美好时刻。

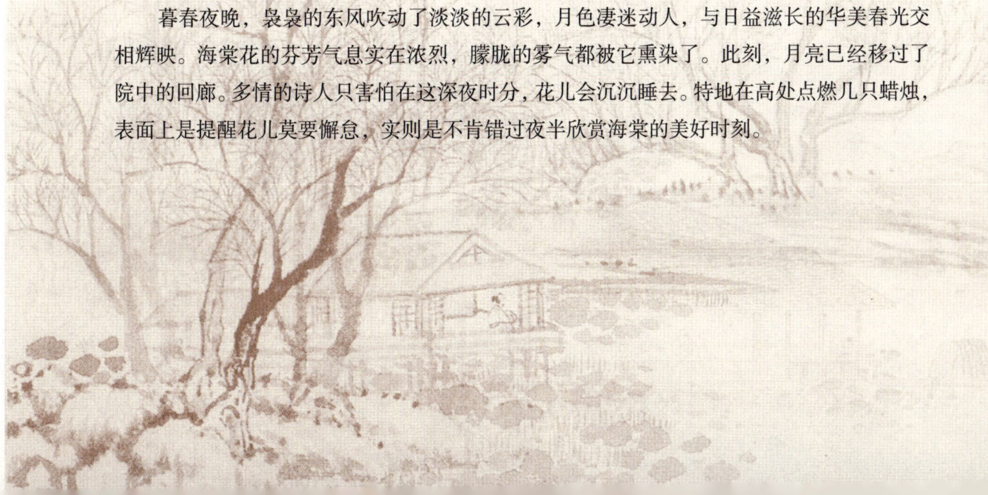

临安春雨初霁 宋·陆游

世味年来薄似纱，谁令骑马客京华？
小楼一夜听春雨，深巷明朝卖杏花。
矮纸斜行闲作草，晴窗细乳戏分茶。
素衣莫起风尘叹，犹及清明可到家。

【注释】

霁（jì）：雨后转晴。

京华：京城的美称。

明朝（zhāo）：明日早晨。

矮纸：短纸。

细乳：沏茶时水面白色的小泡沫。

分茶：宋元时的煎茶方法。注汤后搅茶乳，使汤水波纹幻变成种种形状。

【诗说】

近年来我做官的兴趣淡得就像一层薄纱，可是造化弄人，谁让我骑着马再次来到了临安城作客，不得已又沾染上繁华呢？昨夜在居住的小楼里，听了整晚淅淅沥沥的雨声，一夜无眠；早上又听见小巷深处传来的叫卖杏花的声音。我已了无睡意，干脆起来铺开小小的一张纸，随心所欲地斜着写下几行草书；天气晴朗，闲来无事，坐在窗前细细地煮茶、点茶、分茶，试着品上一盏好茶。哎，我也不必叹息，那临安的尘土也不会怎么弄脏我素白的一领衣衫，因为不用等到清明节，我应该就可以回到鉴湖之滨的山阴老家了。

此值国家多事之秋，奉诏的诗人却在小楼里以作诗分茶消磨时光，等待皇帝的召见，实是无聊又可悲，诗人按捺不住心头的愤懑，故有后两句之言，志不得伸，倒不如回乡躬耕了。

乡村四月　宋·翁卷

绿遍山原白满川，
子规声里雨如烟。
乡村四月闲人少，
才了桑蚕又插田。

【注释】

山原：山陵和原野。

子规：杜鹃鸟。

【诗说】

江南的暮春时节，处处生机勃勃，蓬勃旺盛。放眼望去，山川和田野间茂盛的草木郁郁葱葱，稻田中的水色与天光云影交相辉映。湿润的水乡田园烟雨蒙蒙，分不清哪里是雨，哪里是烟！杜鹃鸟声声啼叫，由远及近，在烟雨中穿梭往还。四月的乡村一派欣欣向荣的美好光景，庄户人家都忙碌起来了，农事活动一件接着一件，刚刚结束了采桑喂蚕，水田里又开始插秧了。

春山暖翠图　恽寿平〔清〕

五／捉柳花

四时常记古诗词

180首

书事　唐·王维

与史郎中钦听黄鹤楼上吹笛　唐·李白

塞下曲六首（其一）　唐·李白

题破山寺后禅院　唐·常建

水槛遣心二首（其一）　唐·杜甫

题稚川山水　唐·戴叔伦

题张十一旅舍三咏榴花　唐·韩愈

齐安郡后池绝句　唐·杜牧

晚晴　唐·李商隐

山亭夏日　唐·高骈

南堂五首（其五）　宋·苏轼

苏幕遮·燎沉香　宋·周邦彦

乌夜啼·纨扇婵娟素月　宋·陆游

夏日田园杂兴十二绝（其一）　宋·范成大

小池　宋·杨万里

书事　唐·王维

轻阴阁小雨，
深院昼慵开。
坐看苍苔色，
欲上人衣来。

【注释】

阁：同“搁”，停止。

【诗说】

蒙蒙小雨不知下了多久，终于渐渐停歇。外面轻烟笼罩，有点安静，也有些寂寞。诗人独自走到深幽的庭院中，虽然是雨后的清新白昼，却也没有多少兴致开门出去游赏风景。索性闲闲地在院子里悠然漫步，享受这恬静空间与慵懒时光。走累了便随意坐下来，看到地面上一片苍绿可爱的青苔，那浓浓的绿意令人愉悦，注视久了竟然觉得这苍苔的绿似乎要染上人的衣衫。

如此奇妙的幻觉，给略显寂寥的诗情增添了活泼的气息，令人不由得会心微笑。

与史郎中钦听黄鹤楼上吹笛

唐·李白

一为迁客去长沙，

西望长安不见家。

黄鹤楼中吹玉笛，

江城五月落梅花。

【注释】

迁客：遭到贬谪放逐的人。这里指李白。

【诗说】

这首诗是李白被流放夜郎，途经武昌时写下的。满怀失意与忧伤的诗人想起了汉代著名文学家贾谊，当年，他由于当权者的谗言毁谤，被贬至长沙；自己现在也因为永王李璘叛乱之事受到牵连，被流放去往遥远的夜郎。虽然遭遇如此的不幸，诗人依旧牵挂国事，“西望长安”正流露出对朝廷和国家的深深眷念。当他听到黄鹤楼上传来吹奏《落梅花》的悠扬笛声，想着望而不见的都城长安，心境越发苍凉，以至于仿佛在五月的江城感受到了漫天梅花飘飞的寒冷。这种以景结情的手法，引人浮想联翩。

塞下曲六首（其一）

唐·李白

五月天山雪，无花只有寒。
笛中闻折柳，春色未曾看。
晓战随金鼓，宵眠抱玉鞍。
愿将腰下剑，直为斩楼兰。

【注释】

折柳：乐曲《折杨柳》的省称，含伤别之意。

金鼓：古代军队行军作战时所用，命令军队进攻与行动就打鼓，命令军队停止或退兵就击钲。金鼓即代表行军与战斗的信号。

玉鞍：形容装饰华丽的马鞍。

楼兰：西域古国名，国都楼兰城遗址在今新疆罗布泊西北。西汉时，楼兰是丝绸之路上的当道小国，西汉和匈奴为争夺西域都想控制楼兰。楼兰王由于贪财，多次杀害汉使，公元前77年，西汉著名外交家傅介子计斩楼兰王，为国建功。

【诗说】

边疆苦寒，时节虽已是盛夏五月，天山依旧积雪皑皑。是处不见百花盛开，唯有森森寒气逼人。此地既然无花，翠绿的柳枝也不可得，折柳赠别之情只能从清怨的笛曲中依稀想见。而所有关于春天的美好风物，始终未曾领略欣赏，不免生出无限怅惘。军中生活紧张艰辛，常常随鼓声晓起征战，夜里则抱着马鞍暂时打盹休息，以便随时准备翻身上马出击行进。即使如此劳顿艰苦，也并未因而畏惧退缩。只希望有朝能挥剑直捣敌国，为朝廷斩除外患，从此家国永享太平。

全诗抒情沉雄，笔力劲健，充分表现出边关将士的爱国激情，堪称边塞诗中的佳作。

题破山寺后禅院

唐·常建

清晨入古寺，初日照高林。
竹径通幽处，禅房花木深。
山光悦鸟性，潭影空人心。
万籁此俱寂，但馀钟磬音。

【诗说】

清晨独自登山来到兴福古寺，初升的阳光映照着山间葱郁的树木。一路前行，穿过竹林，来到深幽的庭院后面，看到清静的禅房掩映在美丽的花木之中。山色如翠，静谧清新，鸟儿在山谷间愉快地鸣叫歌唱；潭水悠悠，天光云影倒映水中，令人心境空明。凝伫良久，这山间的一切似乎都已消失，寂静中只听到悠远的钟声，涤尽俗世的忧愁与烦恼。

题破山寺后禅院

常建

清晨入古寺　初日照高林
竹径通幽处　禅房花木深
山光悦鸟性　潭影空人心
万籁此俱寂　但馀钟磬音

水槛遣心二首（其一）

唐·杜甫

去郭轩楹敞，无村眺望赊。
澄江平少岸，幽树晚多花。
细雨鱼儿出，微风燕子斜。
城中十万户，此地两三家。

【注释】

水槛（jiàn）：临水的栏杆。

轩（xuān）楹（yíng）：廊间。轩：长廊。楹：柱子。

赊（shē）：远。

【诗说】

这首诗是杜甫定居成都浣花溪草堂期间所作。草堂前修建了一间临水长廊，因为远离城郭，周围也没有别的村落，故而视野开阔，可以眺望到很远的地方。诗人纵目望去，远方的江水澄澈浩荡，几乎与岸齐平；近处则有青葱碧绿的树木，盛开着美丽清香的花朵。除了这些宁静的风物，还可以看到蒙蒙细雨中浮上水面吐泡的活泼鱼儿，微风里斜斜飞掠而过的轻盈燕子，静谧中自有一番盎然生趣。相较城市中的人满为患，此地更显得安静闲适，字句间流露出诗人对自然与生活的无限热爱。

水槛遣心二首 其一

杜甫

去郭轩楹敞
无村眺望赊
澄江平少岸
幽树晚多花
细雨鱼儿出
微风燕子斜
城中十万户
此地两三家

题稚川山水　唐·戴叔伦

松下茅亭五月凉，
汀沙云树晚苍苍。
行人无限秋风思，
隔水青山似故乡。

【注释】

秋风思：此处引用晋人张翰的故事。张翰因秋风吹起，思念故乡苏州味美的鲈鱼和莼菜羹，于是辞官返乡。后世便以此作为游子思乡的典故。

【诗说】

农历五月，天气已经十分炎热。黄昏时分，风尘仆仆的诗人来到松树下的茅亭歇息，体会到难得的清凉舒爽。放眼望去，江中的水洲与远处云气笼罩的绿树在暮色里显得一片苍茫。江水对岸的郁郁青山与故乡的山色如此相似，令漂泊在外的诗人油然而生浓厚的思乡之情。

题张十一旅舍三咏榴花

唐·韩愈

五月榴花照眼明，
枝间时见子初成。
可怜此地无车马，
颠倒青苔落绛英。

【注释】

可怜：可惜。

绛英：红花。

【诗说】

五月，火红的石榴花四处开遍，那热烈的颜色格外鲜明。渐渐地，枝叶间时时可见初结成的小小果实。可惜此间少有人来，榴花静静地开了又落，红色的花瓣与绿色的青苔相映，使人看了既感到有些惋惜，又觉它有几分惹人怜爱。

齐安郡后池绝句

唐·杜牧

菱透浮萍绿锦池，

夏莺千啭绿蔷薇。

尽日无人看微雨，

鸳鸯相对浴红衣。

【注释】

红衣：此处指鸳鸯彩色的羽毛。

【诗说】

夏日里微雨蒙蒙，小园里一片静寂。池塘中菱叶纷纷从浮萍下透出水面，将整个池子染成生机勃勃的绿色。园中蔷薇大片大片地盛开，黄莺在花叶间自由地飞来飞去，不时可以听到花朵深处传来的婉转动人的鸣叫声。然而整日无人前来欣赏这般美好的景色，只有水池深处的鸳鸯在浴水嬉戏，更加反衬出诗人的淡淡孤独与无聊之感。

晚晴　唐·李商隐

深居俯夹城，春去夏犹清。
天意怜幽草，人间重晚晴。
并添高阁迥，微注小窗明。
越鸟巢干后，归飞体更轻。

【注释】

夹城：城门外的曲城。

幽草：幽深地方的草丛。

越鸟：南方的鸟。

【诗说】

诗人自言所居偏僻，俯瞰可见城门外的曲城。春去夏来，风日清美。傍晚雨过天晴，使人精神为之一爽。那生长在幽深之处的小草，因为苍天的怜惜而得到了雨水的温柔滋润。晚晴虽然短暂，但这转瞬即逝的美好值得人们珍惜。雨后在高阁眺望，视野可以更加清晰遥远；一抹淡淡的夕阳余晖映照在小窗上，也带来一点明亮的心情。黄昏时鸟儿纷纷飞回已干的巢中，飞翔的身影也因为这雨过的晴朗而显得更加轻盈。

山亭夏日

唐·高骈

绿树阴浓夏日长，
楼台倒影入池塘。
水晶帘动微风起，
满架蔷薇一院香。

【注释】

水晶帘：比喻晶莹华美的帘子。

【诗说】

悠长的夏日里，树木生长得枝叶繁茂，绿意盎然，投下一片清凉的浓荫。平静的池塘水面上，倒映着楼台的影子。一阵微风吹过，美丽的水晶帘轻轻飘动，而满架盛放的蔷薇花的香气也随风传遍了庭院。多么宁静而美好的夏天啊！

南堂五首（其五）　宋·苏轼

扫地焚香闭阁眠，
簟纹如水帐如烟。
客来梦觉知何处，
挂起西窗浪接天。

【注释】

簟（diàn）纹：竹席的纹。

【诗说】

长昼无事，诗人在南堂里扫地焚香，营造出一个清雅幽静的氛围。竹席清凉，席纹如水波荡漾；纱帐轻软朦胧，如同云烟缥缈。诗人闭门高卧，享受白日安睡的闲暇与惬意。不知睡了多久，终于从梦中醒来，一时竟不知身在何处。挂起西窗，只看到外面水天浑茫，一片烟波浩渺。

诗中所描写的环境与景物，或清幽，或壮阔，实则都是诗人心境、情怀的折射。

苏幕遮·燎沉香　宋·周邦彦

燎沉香，消溽暑。鸟雀呼晴，侵晓窥檐语。叶上初阳干宿雨。水面清圆，一一风荷举。　故乡遥，何日去？家住吴门，久作长安旅。五月渔郎相忆否？小楫轻舟，梦入芙蓉浦。

【注释】

燎（liáo）沉香：烧香。燎：细焚。沉香：一种名贵香料。置水中可下沉，故又名沉水香。

溽（rù）暑：盛夏湿热的气候。

吴门：今苏州市的别称。这里代指作者的故乡杭州。

【诗说】

盛夏湿热多雨，连鸟雀的叫声中都听得出对雨过天晴的喜悦。阴雨连绵之后，阳光带来清新的气息；水面上晓风掠过，那张张碧绿的荷叶、朵朵亭亭的荷花随风轻轻摇曳，清丽而优美。面对荷花，词人油然生出思乡之情。客居京城日久，何时才能归去？也许只有在梦中才能够回到故乡，去驾一叶小舟，悠然荡入开满荷花的水塘深处。最后两句就像一幅清新的水乡图画，韵味无穷。

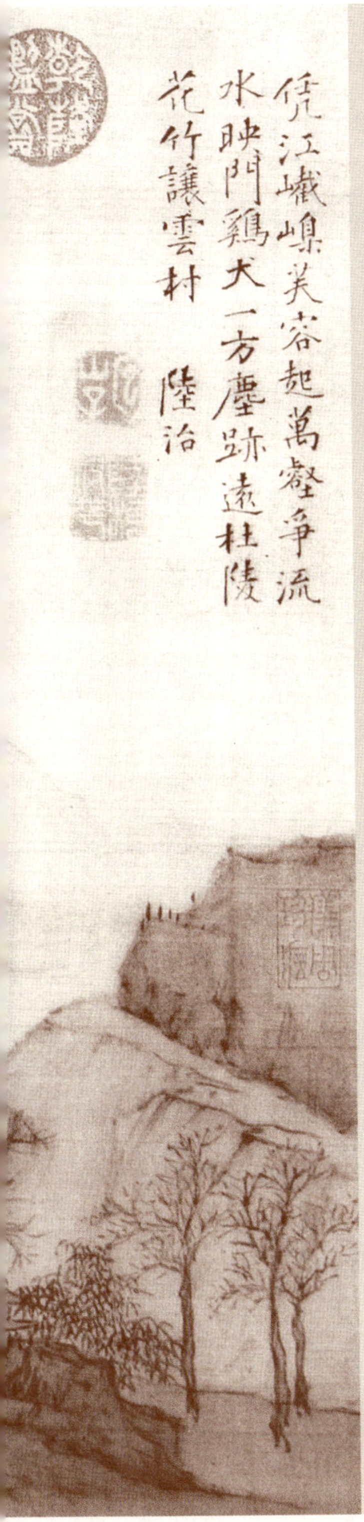

花溪渔隐图　陆治〔明〕

乌夜啼·纨扇婵娟素月

宋·陆游

纨扇婵娟素月，纱巾缥缈轻烟。高槐叶长阴初合，清润雨余天。　　弄笔斜行小草，钩帘浅醉闲眠。更无一点尘埃到，枕上听新蝉。

【注释】

婵娟：月亮。

【诗说】

暑天里，形如皎洁圆月的团扇和轻如轻烟的头巾，都是不可或缺的消夏之物。高大的槐树枝叶茂盛，合拢成一片浓荫，为人们遮挡日光；梅雨过后，空气里依然飘动着清凉湿润的气息。隐居家乡的词人闲来无事，不时拈笔习字，以写他擅长的草书为乐；如果酒后感到困倦，便钩起帘子，让凉风吹进室内，以求安恬入睡。无论是四周的景色风物，还是这样宁静美好的生活，都与尘俗的忙碌纷扰毫不相关。当诗人睡了一个舒服的午觉醒来，懒懒地仰卧枕上，听窗外新蝉的声声鸣叫，更加感受到乡居生活的美好与闲适。

夏日田园杂兴十二绝（其一） 宋·范成大

梅子金黄杏子肥，
麦花雪白菜花稀。
日长篱落无人过，
惟有蜻蜓蛱蝶飞。

【诗说】

江南五月，梅子的色泽由青绿转为金黄，杏子也已成熟，果实日益饱满。田间满眼都是雪白的麦花，而金黄的菜花渐渐稀落。农忙时节，大家都在地里辛勤劳作，白日里的农家因此显得十分安静，鲜有人来往经过。只有蜻蜓和蝴蝶时时飞舞于院落的篱笆间，点缀着这生机勃勃的夏天。

夏日田园杂兴十二绝

其一　范成大

梅子金黄杏子肥
麦花雪白菜花稀
日长篱落无人过
惟有蜻蜓蛱蝶飞

小池　宋·杨万里

泉眼无声惜细流，
树阴照水爱晴柔。
小荷才露尖尖角，
早有蜻蜓立上头。

【诗说】

泉眼静静流淌，仿佛是因为爱惜细小的水流；岸边的绿树似乎是喜爱日光的和煦温柔，因而在水面投下交错摇曳的优美倒影。池中初长成的小荷刚刚露出一角新叶，早有一只蜻蜓飞过来轻盈地立在上头。

这短短的二十八个字，为我们描摹出了夏天的清新可爱，充分体现出诗人对自然的无限热爱。

小池　杨万里

泉眼无声惜细流
树阴照水爱晴柔
小荷才露尖尖角
早有蜻蜓立上头

六／梅子黄

四时常记古诗词

180

首

积雨辋川庄作（节录） 唐・王维

白石滩 唐・王维

六月三日夜闻蝉 唐・白居易

梦江南・兰烬落 唐・皇甫松

夏意 宋・苏舜钦

雨后池上 宋・刘攽

六月二十七日望湖楼醉书（其一） 宋・苏轼

六月二十七日望湖楼醉书（其二） 宋・苏轼

纳凉 宋・秦观

三衢道中 宋・曾幾

夏日田园杂兴十二绝（其七） 宋・范成大

喜晴 宋・范成大

晓出净慈寺送林子方 宋・杨万里

约客 宋・赵师秀

所见 清・袁枚

四时常记古诗词180首

积雨辋川庄作

（节录）

唐·王维

积雨空林烟火迟，
蒸藜炊黍饷东菑。
漠漠水田飞白鹭，
阴阴夏木啭黄鹂。

【注释】

饷（xiǎng）：这里指给田间劳动的人送饭。

菑（zī）：初耕的田地。

漠漠：广阔。

【诗说】

下了很久的雨，树林里因为太过潮湿而难以点燃烟火；好容易生起了火，蒸熟饭食，去东边的田地里为辛苦劳作的人们送饭。宽阔的水田上飞过美丽的白鹭，影子倒映在水中；茂密的树木深处传来黄莺自在婉转的鸣叫，声声清脆悦耳。

白石滩　唐·王维

清浅白石滩，
绿蒲向堪把。
家住水东西，
浣纱明月下。

【诗说】

清浅的白石滩水波荡漾，水边的绿色蒲草已经日益茂盛，可堪一握了。住在两岸的美丽少女们，时常结伴在明月下浣纱洗衣。

清溪、绿蒲、明月，构成了一幅明净清美的画，而那些明丽活泼的少女，才是这幅画的点睛之笔。

六月三日夜闻蝉

唐·白居易

荷香清露坠，柳动好风生。

微月初三夜，新蝉第一声。

乍闻愁北客，静听忆东京。

我有竹林宅，别来蝉再鸣。

不知池上月，谁拨小船行。

【注释】

东京：这里指唐朝的东都洛阳。

【诗说】

荷香阵阵，花瓣上时有晶莹的露水悄然滑落；清风吹拂，柔软的柳枝轻轻摇摆。六月初三的夜里，新月一弯，纤秀可爱，正在望月的诗人，于宁静的夜色中听到了夏天的第一声蝉鸣。这蝉声唤醒了他心底的忧愁，他不由深深怀念起东都洛阳。洛阳城中有诗人清雅安静的居所，自从离开后，已经是第二次在外乡听到蝉鸣了。而在这样的夏夜里，不知道旧居池上的月色如何，又是谁划动小船乘兴出游呢？

结尾两句全是想象，以虚笔写真情，情味尤觉深长。

梦江南·兰烬落　唐·皇甫松

兰烬落，屏上暗红蕉。闲梦江南梅熟日，夜船吹笛雨萧萧，人语驿边桥。

【注释】

兰烬：烛火的灰烬。因状似兰心，故称。

萧萧：即潇潇，形容雨声。

【诗说】

夜已深，烛火渐残，烧焦的烛芯悄然掉落，屏风上的红色美人蕉也随着烛光慢慢微弱而变得越发黯淡。在这样的寂寥氛围中，词人朦胧睡去。梦中是江南的梅雨季节，四处烟雨蒙蒙。静夜里听到岸边船上传来断续的笛声，与萧萧雨声、驿站旁小桥上行人的絮絮言语声交织在一处，只觉天地一片浑融朦胧，苍茫中又有无限温柔与无尽怅惘。

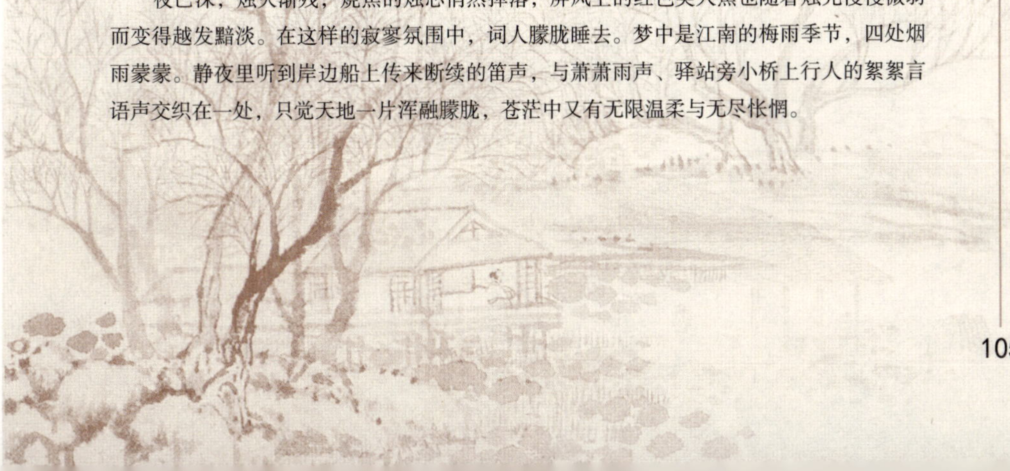

夏意　宋·苏舜钦

别院深深夏席清，
石榴开遍透帘明。
树阴满地日当午，
梦觉流莺时一声。

【注释】

别院：正宅之外的宅院。

【诗说】

别院里深静无人，榻上的竹席清凉光滑，十分舒适。火红的榴花开遍枝头，透过垂帘，可以看到艳丽的颜色。正午时分，绿树在地面投下浓荫。午睡醒来，周围依然一片宁静，只有窗外偶尔传来一声黄莺的婉转啼鸣，更增添了几分清闲适意。

雨后池上　宋·刘攽

一雨池塘水面平，
淡磨明镜照檐楹。
东风忽起垂杨舞，
更作荷心万点声。

【诗说】

大雨过后，池塘涨满新水，平静澄澈的水面仿佛磨过的明镜，倒映着屋檐和厅堂的前柱。一阵东风吹过，垂柳枝条飘动，似乎在随风翩翩起舞；柳枝上的雨滴被风吹落在荷叶上，发出细细密密的脆响。清幽之境，闲适之意，使人神往。

六月二十七日望湖楼醉书五绝（其一）宋·苏轼

黑云翻墨未遮山，

白雨跳珠乱入船。

卷地风来忽吹散，

望湖楼下水如天。

【诗说】

在西湖上乘舟游赏，忽然天空中黑云如墨，翻卷涌来，四周一片昏暗，只有远处山峰尚未被乌云遮蔽。霎那间白茫茫的大雨从天而降，豆大的雨珠砸在船上，水花四溅。而这骤雨来得快去得也快，不久一阵狂风席卷而来，吹散了大片阴云，湖上又恢复了晴朗和宁静。泊舟在望湖楼下，水面倒映天空，平静如镜，仿佛方才的一切都没有发生过。

六月二十七日望湖楼醉书五绝（其二） 宋·苏轼

放生鱼鳖逐人来，

无主荷花到处开。

水枕能令山俯仰，

风船解与月徘徊。

【注释】

放生鱼鳖：北宋时，朝廷把西湖作为放生池。

【诗说】

六月西湖美景如画，万物生机勃勃。泛舟湖上，自由生长的放生鱼鳖亲热地追逐尾随在小船边，似乎是在讨取吃食。野生的荷花随处盛开，别有动人情致。惬意地枕卧于舟中，船随水波荡漾，映入眼帘的青山也随之俯仰；湖面上时时有风吹过，船儿似乎在带着天上的明月一起在水面徘徊游玩，不肯早早归去呢。

纳凉　宋·秦观

携杖来追柳外凉，
画桥南畔倚胡床。
月明船笛参差起，
风定池莲自在香。

【注释】

胡床：一种可以折叠的轻便坐具。因从胡地传入，故称。

【诗说】

夏夜携着竹杖想去寻些清凉来消暑，便在画桥南边的柳树下支起胡床，随意倚靠在上面，凉风拂面，无比轻松舒爽。月色皎洁，池塘上的小舟中有笛声断续响起，使人心境空明；微风过后，池里荷花的清香幽幽飘散开来。真是美好的纳凉之夜啊。

三衢道中　宋·曾幾

梅子黄时日日晴，
小溪泛尽却山行。
绿阴不减来时路，
添得黄鹂四五声。

【注释】

三衢：即衢州（今属浙江），因境内有三衢山而得名。

【诗说】

梅子黄熟的季节，本该阴雨连绵，却意外地每日都是晴天。旅途中先是乘小舟走水路，水尽处又转为徒步山行。不久前曾沿着同样的路线逆向行经此地，这次回程，看到山间绿阴深浓，一如前次所见，只是多了几声婉转的黄鹂鸣唱，使人心情更增欣悦之感。

夏日田园杂兴十二绝（其七） 宋·范成大………

昼出耘田夜绩麻，
村庄儿女各当家。
童孙未解供耕织，
也傍桑阴学种瓜。

【诗说】

白天男子出门去地里耕田，夜晚女子则忙着搓麻织布，村庄里的人们各自忙碌着自己分内的活计，没有一丝懈怠。在这种氛围的感染下，连小孩子也不愿闲着，虽然因为年幼而暂时没有能力去耕种纺织，却也兴致盎然地在桑树下学着种瓜。天真可爱之外，又多了几分勤劳质朴。

喜晴　宋·范成大

窗间梅熟落蒂，
墙下笋成出林。
连雨不知春去，
一晴方觉夏深。

【诗说】

窗前的梅子开始成熟转黄，不时悄悄掉落在地上；院墙下的春笋也飞快地长成了一片绿意浓浓的竹林。几番雨过，不知不觉中春光已经消逝；一朝放晴，才惊觉原来已然到了盛夏时节。

短短的篇幅，写出了季节转换的微妙之感，看似平淡无奇，实则颇有回味深长之美，是所谓淡而有味者。

晓出净慈寺送林子方

宋·杨万里

毕竟西湖六月中，
风光不与四时同。
接天莲叶无穷碧，
映日荷花别样红。

【诗说】

夏天的清晨，诗人从净慈寺出来，送别好友林子方，途中恰好经过西湖。虽然西湖一年四季都各有不同的美丽，但六月的西湖独有一份清雅的风致。纵目望去，碧绿的荷叶无边无际，仿佛延伸到悠远的天边；清晨的阳光下，绿叶间亭亭摇曳的粉红荷花别有一种动人的清丽之美。

诗人以敏感的诗思，捕捉到这一幕特别的优美景色，仿佛是给西湖一个特写镜头。于是，当年那震撼诗人的美，也深深打动了后世的读者。

晓出净慈寺送林子方

杨万里

毕竟西湖六月中
风光不与四时同
接天莲叶无穷碧
映日荷花别样红

约客　宋·赵师秀

黄梅时节家家雨，
青草池塘处处蛙。
有约不来过夜半，
闲敲棋子落灯花。

【诗说】

梅子黄熟的季节，处处不停地下着连绵细雨；池塘长满青草，蛙鸣阵阵，不肯停歇。在这样雨丝与蛙声交织的夏夜里，与诗人相约的友人始终没有前来。落寞的诗人在百无聊赖中拈起一枚棋子轻轻敲打着书桌，不小心震落了烧尽的灯芯。一种孤独感就这样通过一个看似细微而平常的动作，含蓄而准确地表现了出来。

所见　清·袁枚

牧童骑黄牛，
歌声振林樾。
意欲捕鸣蝉，
忽然闭口立。

【注释】

林樾（yuè）：林木。

【诗说】

郊外的小路上，牧童骑在黄牛背上悠然而行，一边高高兴兴地唱着歌，清脆的歌声在安静的树林中四处回荡。忽然间他想要去捕捉树上正在鸣叫的知了，于是立即闭口不唱，悄悄走来，站立在树下，凝神等待机会。

这首诗纯用白描手法，抓住乡村生活中一个看似普通的镜头，将牧童的活泼可爱刻画得生动自然，如在眼前。

山水图　叶欣〔清〕

七/映日荷

四时常记古诗词180首

古诗十九首·涉江采芙蓉

无名氏

涉江采芙蓉，兰泽多芳草。
采之欲遗谁？所思在远道。
还顾望旧乡，长路漫浩浩。
同心而离居，忧伤以终老。

【注释】

芙蓉：荷花。

兰泽：长着兰草的低湿之地。

遗（wèi）：赠送。

漫：即“漫漫”，辽远的样子。

浩浩：广大无边。

【诗说】

独自过江采摘荷花，长着兰草的水泽中到处都有美丽的香草。采下这芬芳幽馨的花朵想要送给谁呢？我所思念牵挂的人儿在遥远的家乡，无法相赠，只能徒然感叹而已。此刻回首眺望故园的方向，道路是那样漫长辽远，渺无边际，不知何时才能与爱人团聚。明明彼此相爱却不得不分隔两地，唯有怀抱着这深深的忧伤寂寞终老啊！

诗写游子思乡思妇之情，语言清丽自然，抒情绵邈悱恻，读来极为动人。

江南　汉乐府

江南可采莲，莲叶何田田。鱼戏莲叶间。鱼戏莲叶东，鱼戏莲叶西，鱼戏莲叶南，鱼戏莲叶北。

【注释】

田田：叶子浮在水上重重叠叠的样子。

【诗说】

江南到了可以采莲的季节，水面上到处是碧绿的莲叶。很多鱼儿在莲叶间欢快地游来游去。鱼儿们时而游到莲叶东面，时而游到莲叶西面，时而游到莲叶南面，时而游到莲叶北面。

诗句以通俗简洁的语言、回环往复的句式，生动地传达出采莲人欢快的心情，同时也为读者描绘出一幅清新美好的江南水乡图。

江南

汉乐府

江南可采莲，
莲叶何田田。
鱼戏莲叶间，
鱼戏莲叶东，
鱼戏莲叶西，
鱼戏莲叶南，
鱼戏莲叶北。

曲池荷　唐·卢照邻

浮香绕曲岸，
圆影覆华池。
常恐秋风早，
飘零君不知。

【诗说】

荷花清幽的香气弥漫浮动在曲曲折折的水池岸边，圆圆的嫩绿色荷叶覆盖着美丽的池塘。正因为深深地爱着这亭亭玉立的荷花，所以常常担心秋风来得太早，使得荷花凋零、荷叶残败，却无人知晓。

全诗表面看是咏荷，实则也含蓄地寄寓了诗人怀才不遇、落魄半生的身世之感。

夏日南亭怀辛大

唐·孟浩然

山光忽西落，池月渐东上。
散发乘夕凉，开轩卧闲敞。
荷风送香气，竹露滴清响。
欲取鸣琴弹，恨无知音赏。
感此怀故人，终宵劳梦想。

【注释】

恨：遗憾。

劳：苦于。

梦想：梦寐怀想，形容思念深切。

【诗说】

山边的日影忽然迅速西落，水池上方月亮渐渐从东方升起，夜色就这样悄无声息地降临了。散开头发享受着夜的清凉，推开长廊的窗户，悠闲地卧在开阔空旷的地方。晚风吹拂，送来池中荷花的香气，寂静中能听到露水从竹叶上滴落到水面的细碎声响。这样美好安闲的夜晚，很想抚琴一曲，遗憾的是身边没有知音共赏。怀着这样的心事进入了梦乡，夜半都被思念友人的情绪深深缠绕，真是让人惆怅啊！

采莲曲二首（其二）

唐·王昌龄

荷叶罗裙一色裁，
芙蓉向脸两边开。
乱入池中看不见，
闻歌始觉有人来。

【诗说】

采莲少女们的罗裙与荷叶一样，都是碧绿的颜色。小舟驶入水塘深处，美丽的荷花在少女娇艳的脸庞两边依次盛开，人面荷花相互映照，分不出哪个更加动人。就这样，小舟载着少女们，驶入盛开的荷花中消失了踪影，直到有清脆的歌声响起，才察觉到她们的存在。

全诗将活泼的采莲少女与大自然的美景融合在一起，流露出浓郁的生活气息，引人遐想。

四时常记古诗词180首

池上二绝（其二）

唐・白居易

小娃撑小艇，
偷采白莲回。
不解藏踪迹，
浮萍一道开。

【诗说】

一个顽皮的小孩子趁着家人不注意，悄悄撑了小艇出去，到湖里偷采了几枝白莲回来。只是他年纪还小，不懂得隐藏踪迹，长满浮萍的水面上留下了一道长长的小艇通过的痕迹。

诗人以平常话写平常事，生动地塑造了一个可爱天真的儿童形象，让人读后有过目难忘之感。

浣溪沙·小阁重帘有燕过

宋·晏殊

小阁重帘有燕过，晚花红片落庭莎。曲栏干影入凉波。　　一霎好风生翠幕，几回疏雨滴圆荷。酒醒人散得愁多。

【注释】

莎（suō）：莎草。

干：通“杆”，栏杆。

一霎：一会儿。

【诗说】

小阁中帘幕层层，帘外不时有燕子飞过。傍晚，红色的花瓣飘落在庭院的莎草中，池边曲曲栏杆的影子映入微凉的水波，四下无比安静。

偶尔一阵清风吹过，撩动了绿色的垂帘。时断时续的细雨洒落在清圆的荷叶上。筵席结束，人散去而酒初醒，不由生出缕缕的寂寞与愁思。

这首词表现出词人对于时光流逝、聚散无常的深深感慨。

采桑子·残霞夕照西湖好

宋·欧阳修

残霞夕照西湖好，花坞苹汀。十顷波平，野岸无人舟自横。　　西南月上浮云散，轩槛凉生。莲芰香清，水面风来酒面醒。

【注释】

西湖：此处指颍州西湖，在今安徽阜阳。

花坞：四周高起而中间凹下的花圃。

汀（tīng）：水边的平地，小洲。

轩槛：长廊前的栏杆。

芰（jì）：菱，这里指莲花。

【诗说】

日暮时分，天空中还有几抹残霞，夕阳下的西湖如此美好。湖边有花枝摇曳的花圃，水上是开满白苹的沙洲。放眼望去，湖面平静而空阔，岸边的无人小舟随意停在那里。日落后，明月自西南方向升起，驱散了浮云，寂静的长廊里有凉意浮动。湖面上清风吹过，送来阵阵荷花的清幽香气，也带走了词人残存的酒意，于是，他可以继续独自安静地欣赏月下西湖的别样美丽了。

题西太一宫壁二首（其一）

宋·王安石

柳叶鸣蜩绿暗，
荷花落日红酣。
三十六陂春水，
白头想见江南。

【注释】

蜩（tiáo）：蝉的别名。

酣：浓烈。

三十六陂（bēi）：地名，在今江苏扬州市。北宋都城开封附近也有名为“三十六陂”的蓄水塘。

【诗说】

柳树枝条浓密，深绿色的叶子间有蝉鸣声不断传来。夕阳西下，余晖映照着水上红色的荷花，看上去格外鲜艳。红与绿对照，静与动相间，写景十分高妙。接下来，诗人抒写心中的乡愁：他看到开封的三十六陂，很自然地想起了江南的同名之地。虽然此时正值夏季，却难忘春天到来时江南温柔澄净的水波。

诗人感慨自己如今白发已生、岁月蹉跎，不知何日才能回到故乡。语气中有怀念，有惆怅，也流露出淡淡的失意与感伤。

鄂州南楼书事四首（其一）

宋·黄庭坚

四顾山光接水光，
凭栏十里芰荷香。
清风明月无人管，
并作南楼一味凉。

【诗说】

独自登上南楼，凭栏纵目四望，只见远处山光与水光相接，一片空阔浩荡。十里水面上开遍了亭亭玉立的荷花，寂静中香气弥漫。清风明月本是大自然的一部分，与天地共生，自由自在无人管束。此刻月光映照南楼，清风吹拂着南楼，为暑热未消的夜晚带来了阵阵清凉。

全诗表现出诗人对山水自然的热爱，也体现出超越尘俗与困境的洒脱胸襟。

鹊桥仙·纤云弄巧

宋·秦观

纤云弄巧，飞星传恨，银汉迢迢暗度。金风玉露一相逢，便胜却人间无数。　　柔情似水，佳期如梦，忍顾鹊桥归路。两情若是久长时，又岂在朝朝暮暮。

【注释】

纤云：微云，轻云。

飞星：流星。这里指牵牛、织女两星。

银汉：银河。

金风：秋风。秋五行属金，故名金风。

玉露：晶莹的露水。

佳期：与佳人相会。后来凡欢会之日，通称佳期。

【诗说】

七夕鹊桥相会是我国古代一个美丽的神话传说，秦观这首《鹊桥仙》便以此为题材，歌颂了牛郎织女矢志不渝的忠贞爱情。词从夜空之美写起：天上的微云变幻出各种巧妙的花样，似乎在欢庆一年一度的相会；飞驰而过的流星仿佛也在为牛郎织女传递着相思之苦。在世人欢快庆祝、没有察觉的时候，夫妻二人悄悄渡过浩渺的银河相聚了。在这样风清露白的夜色里重逢，即使一年只有一次，也胜过人间的无数次平凡相见。

彼此温柔的情意如银河之水脉脉绵长，美好的欢聚却像梦境般缥缈短暂，转眼便要再次分别了。然而，真正的爱情可以跨越时空的阻隔，经得起天长地久的考验，只要两人恒久珍惜，又何必一定朝朝暮暮厮守在一起呢？

这首词借天上的双星故事来歌咏世间的儿女之情，表达了词人高尚的爱情观。

如梦令·常记溪亭日暮

宋·李清照………

常记溪亭日暮，沉醉不知归路。兴尽晚回舟，误入藕花深处。争渡，争渡，惊起一滩鸥鹭。

【诗说】

常常想起来有一次乘兴出游，在水边的亭子里快乐地饮酒到日暮，流连忘返，醉得几乎记不得回家的路。尽兴后天色已经暗淡下来，急忙划船想要回去。可是酒意未消，光线又弱，迷迷糊糊中不小心闯入了荷花深处。怎么办呢？怎么办呢？急切地四处寻找出口，划动的船桨惊飞了水边的一群水鸟。

词虽很短，却将少女的活泼可爱与贪玩的个性刻画得栩栩如生，宛在眼前。

如梦令 李清照

常记溪亭日暮
沉醉不知归路
兴尽晚回舟
误入藕花深处
争渡争渡
惊起一滩鸥鹭

昭君怨·咏荷上雨

宋·杨万里………

午梦扁舟花底，香满西湖烟水。急雨打篷声，梦初惊。　　却是池荷跳雨，散了真珠还聚。聚作水银窝，泛清波。

【注释】

扁（piān）舟：小船。

水银：水珠，这里比喻珍珠。

【诗说】

午后困倦，憩睡时梦见自己悠闲地荡舟于西湖的花叶间，轻烟茫茫的水面上到处飘散着香气。忽然下起一阵急雨，豆大的雨点打在船篷上，发出砰砰的响声，惊扰了好梦。

醒后才发觉，原来刚才梦里听到的不是雨打船篷，而是雨滴落在池中荷叶上的声音。荷叶上的水珠好像珍珠一样晶莹可爱，随着荷叶的晃动忽聚忽散。最后聚在叶心处，形成了一个清亮的水窝，泛着微微的水波。

将寻常的景物写得如此奇趣生动，是这首词最大的特点。

清平乐·村居　宋·辛弃疾

茅檐低小，溪上青青草。醉里吴音相媚好，白发谁家翁媪？　大儿锄豆溪东，中儿正织鸡笼。最喜小儿无赖，溪头卧剥莲蓬。

【注释】

吴音：吴地的方言。作者此时住在江西上饶，此地春秋时属吴国。

相媚好：亲热，亲密。

翁媪（ǎo）：老翁和老婆婆。泛指老人。

无赖：顽皮可爱。

【诗说】

溪水边坐落着一间低矮的茅屋，岸边长满绿草。一对白发的老夫妻坐在房檐下喝酒聊天，看上去其乐融融。这家还有三个儿子，各有各的活计在做。

大儿子在溪水东边的地里给豆子除草，二儿子在院子里编织着鸡笼。最可爱的是小儿子，他年纪还小，不需要为家计忙碌，无忧无虑地卧在水边剥莲子吃。

词人以白描手法写出了农村生活的安闲宁静，表现出他对乡村风光的真切热爱。

七 西江月·夜行黄沙道中

宋·辛弃疾………

明月别枝惊鹊，清风半夜鸣蝉。稻花香里说丰年，听取蛙声一片。　七八个星天外，两三点雨山前。旧时茅店社林边，路转溪桥忽见。

【注释】

茅店：茅舍，指乡村的小客店。

社林：土地庙旁的树林。

【诗说】

月光明亮，惊醒了憩息在枝头的喜鹊，于是它又飞到别的树枝上继续安睡。半夜吹来的清风中夹杂着蝉鸣声声。空气里到处飘散的稻花香气预示着一个丰收的年景即将到来，池塘里热闹的蛙鸣似乎也在为此感到欢喜雀跃。

今夜月明星稀，天边只能看到几颗淡淡的疏星闪烁。走到山前，滴了些零星的雨点。转过溪水边的小桥，忽然看见了村庄社林边熟悉的小客店，原来，一路上心情轻松愉悦，不觉已经走了这么远啊！

西江月 夜行黄沙道中

辛弃疾

明月别枝惊鹊
清风半夜鸣蝉
稻花香里说丰年
听取蛙声一片
七八个星天外
两三点雨山前
旧时茅店社林边
路转溪桥忽见

荷塘水榭图　叶欣〔清〕

八/对秋风

望月怀远 唐·张九龄

海上生明月，
天涯共此时。
情人怨遥夜，
竟夕起相思。
灭烛怜光满，
披衣觉露滋。
不堪盈手赠，
还寝梦佳期。

【注释】

怀远：怀念远方的亲人。

情人：多情之人，指诗人自己，也有说指代亲人。

竟夕：整个晚上。

不堪：不能。

盈手：双手捧满，盈是充满的意思。

【诗说】

海上升起了明月，远在天涯的人，也能和我一起分享此时的美好。多情之人忍不住埋怨长夜漫漫，因为整个晚上都会忍不住思念远方的那个人啊！

吹灭蜡烛后，满屋子的月光更让人心生怜爱，我披衣坐起，只觉得露水沾湿了衣衫。没办法双手捧满月光送给你，只好继续睡觉，在梦中和你约定佳期相见。

从军行七首（其二）

唐·王昌龄

琵琶起舞换新声，
总是关山旧别情。
撩乱边愁听不尽，
高高秋月照长城。

【注释】

撩乱：纷乱，杂乱。

边愁：守边将士的愁苦之情。

【诗说】

随着军中舞蹈的不断变换，琵琶也更换了新的乐曲。但无论变的曲调如何，其中包含的情思始终如一，那就是将士们因为征战而被迫远离故乡、关山万里的别离之恨。曲中深深的边愁无边无尽，使听曲的人们心绪烦乱、无法平静。徘徊于夜色中，唯有一轮明亮清冷的月亮高挂在天空，默默映照着长城，苍莽中似乎又有无限苍凉的意味。

山居秋暝

唐·王维

空山新雨后，天气晚来秋。
明月松间照，清泉石上流。
竹喧归浣女，莲动下渔舟。
随意春芳歇，王孙自可留。

【注释】

暝（míng）：日落，黄昏。

浣女：洗衣服的女子。

王孙：出自《楚辞·招隐士》中的“王孙兮归来，山中兮不可久留”一句，这里是反用其意，指诗人自己。

【诗说】

一场新雨过后，山林显得十分空旷清新；暮色降临，更增加了凉凉的秋意。一轮明月升起，幽静的松林间洒满洁白的月光。清澈的山泉流过山石，如同一条白练，在月下闪闪发亮。竹林中传来阵阵欢笑，一群年轻的姑娘们洗完衣服快乐地归来了。碧绿的荷叶纷纷向两边分开，这是顺流而下的小渔舟打破了荷塘的宁静。即使春光已经消逝，我还是愿意留在这美好的山中。

全诗反映了诗人想要远离官场的隐居理想。

山居秋暝

王维

空山新雨后，天气晚来秋。
明月松间照，清泉石上流。
竹喧归浣女，莲动下渔舟。
随意春芳歇，王孙自可留。

子夜吴歌·秋歌 唐·李白

长安一片月，万户捣衣声。
秋风吹不尽，总是玉关情。
何日平胡虏，良人罢远征？

【注释】

捣衣：用木棒捶打织好的布帛，以便缝制衣服，多在秋夜进行。

玉关：即玉门关，在今甘肃敦煌西北。也泛指边地。

胡虏：古代泛指与中原为敌的北方部族。

良人：古代妻子对丈夫的称呼。

【诗说】

长安城笼罩在明亮的月光下，千家万户响起了阵阵捣衣声，妇人们准备缝制过冬的寒衣。

秋风裹挟着捣衣的砧杵声吹来，不断勾起心中对远方守边亲人的深深挂念。

何时才能赶走敌人、平息战争呢？何时家家的丈夫都不必出征，永远与家人团聚在一起呢？

写杜甫诗意图　宋懋晋〔明〕

四时常记古诗词180首

茅屋为秋风所破歌

唐·杜甫

八月秋高风怒号，卷我屋上三重茅。茅飞渡江洒江郊，高者挂罥长林梢，下者飘转沉塘坳。南村群童欺我老无力，忍能对面为盗贼，公然抱茅入竹去，唇焦口燥呼不得，归来倚杖自叹息。俄顷风定云墨色，秋天漠漠向昏黑。布衾多年冷似铁，娇儿恶卧踏里裂。床头屋漏无干处，雨脚如麻未断绝。自经丧乱少睡眠，长夜沾湿何由彻？安得广厦千万间，大庇天下寒士俱欢颜，风雨不动安如山！呜呼！何时眼前突兀见此屋，吾庐独破受冻死亦足！

【注释】

罥（juàn）：挂，缠绕。

塘坳：池塘，低洼地。

俄顷：不久。

漠漠：迷蒙的样子。

向：将近。

衾（qīn）：被子。

恶卧：睡相不好。

雨脚如麻：形容雨下得密集。

丧（sāng）乱：这里指安史之乱。

彻：结束。

安得：怎么才能求得。

突兀：高耸的样子。

见（xiàn）：通“现”，出现。

【诗说】

这首诗是杜甫定居四川成都浣花溪草堂的第二年秋天写下的。

八月秋风迅疾，卷走了我的屋顶上原本就不厚的几层茅草。茅草被风吹过江水，洒落在江郊，高的挂到了树梢上，低的则飘转到了水塘低洼处。南村一群调皮的孩子欺我老迈无力，竟然当着我的面抢东西，明知我想捡回茅草，却公然抱起茅草跑到竹林里去了。我喊得口干舌燥，他们却全然不予理会，我只好无奈地回到家中，徒然倚杖叹息而已。没多久风停下来，天空乌云如墨，眼看就要下雨，一片迷蒙阴沉之中，天渐渐黑了。布被子里面是多年的旧棉絮，被雨水打湿，更加冰冷如铁。家中的小孩子睡相不好，乱蹬乱踹，被里都破了。没了茅草遮挡，屋子里到处漏雨，床头都没有一点干爽之处，而外面雨脚密集，不知何时能停。自安史之乱以来，四处漂泊逃难、忧心国事，本来睡眠就少，此刻又逢雨急屋漏，长夜漫漫，该如何捱到天明？如何才能有千万间大房子来庇护天下所有寒苦的人们不再受冻、展露欢颜，任凭风吹雨打，屋子也岿然不动，如山岳般安稳，令人感到温暖安心呢？呜呼！什么时候眼前能出现这样高广宽阔又安定如山的房屋啊！就算唯有我的草庐破旧，让我独自忍受寒冷乃至冻死，我也感到欣慰满足了！

全诗充分表达了诗人对贫苦人民的无限同情与深沉热爱。

白雪歌送武判官归京

唐·岑参

北风卷地白草折，胡天八月即飞雪。
忽如一夜春风来，千树万树梨花开。
散入珠帘湿罗幕，狐裘不暖锦衾薄。
将军角弓不得控，都护铁衣冷难著。
瀚海阑干百丈冰，愁云惨淡万里凝。
中军置酒饮归客，胡琴琵琶与羌笛。
纷纷暮雪下辕门，风掣红旗冻不翻。
轮台东门送君去，去时雪满天山路。
山回路转不见君，雪上空留马行处。

【注释】

判官：节度使或观察使的僚属。

白草：席萁草，又名芨芨草，是西域所产的一种牧草。

角弓：用兽角装饰的弓。

控：拉弓。

都护：唐朝镇守边远地区的长官。此处泛指军中武将。

铁衣：铠甲。

瀚海：大沙漠，东起兴安岭西麓，西至天山东麓，绵延两千公里，浩瀚如海。

阑干：纵横。

中军：这里指主帅所居的营帐。

胡琴：泛指西域的琴。

琵琶、羌笛：都是少数民族地区的乐器。

辕门：军营门。

掣：拉，拽。

翻：飘动。

轮台：今新疆维吾尔自治区乌鲁木齐市米东区，当时是北庭节度使驻地。

君：指武判官。

【诗说】

这首诗作于诗人第二次出塞之时，诗人赞美了西北边疆壮美瑰丽的雪景，并以此为背景，表达了与友人的惜别情怀。

猛烈的北风呼啸而来，席卷一切，摧折白草，西北地区八月就飘起了雪花。纷纷扬扬的雪花，仿佛一夜之间春风忽地吹来，吹开了千树万树雪白的梨花。飞雪飘入珠帘，打湿了罗幕，寒气袭人，即使穿上狐皮衣、盖上柔软的锦被也不觉得温暖。天气严寒，将军的角弓又冷又硬，无法拉开；都护的铠甲变得冰冷透骨，无法穿着。广阔沙漠到处都是冰雪，万里长空布满了浓云，显得惨淡无光。这样阴冷酷寒的天气，在营帐里备好酒筵为朋友饯行，还有胡琴、琵琶、羌笛等各色异域乐器聊助酒兴。黄昏时，军营门口的大雪依然落个不停，外面的红旗被冻住了，任凭北风肆虐也纹丝不动。在如此冰寒苍茫的暮色里送别友人，从军营到轮台东门，一路风雪交加，最终在山前望着朋友在大雪覆盖的天山路上渐行渐远，终于消失了踪影，唯有雪地上还残留着马蹄的印记。结句余韵悠长，令人回味。

秋思 唐·张籍

洛阳城里见秋风，
欲作家书意万重。
复恐匆匆说不尽，
行人临发又开封。

【诗说】

洛阳城里秋风吹起，这样的季节，人更容易深切感受到孤独与冷清，也因此更加思念远方的故乡与亲人。

想要写封家书表达问候与思念之情，一时却有太多复杂深沉的情意翻涌心头，不知如何诉说。信终于写好后，又担心提笔匆忙，有什么事情忘记了或者写得不够明白，于是在送信人临行前再次打开封好的信笺，细心翻检，唯恐有一点错漏处。

最后两句诗以平实的语言、生活化的细节描写，生动地描摹出一个游子的拳拳思乡之心，感人至深。

秋夜寄邱二十二员外

唐·韦应物

怀君属秋夜，
散步咏凉天。
山空松子落，
幽人应未眠。

【注释】

属：正值，恰好。

幽人：幽居之士。这里指邱二十二员外。

【诗说】

在这漫长的秋夜里，深深地思念着远方的友人。心情有些寂寥，也有些惆怅，于是独自外出散步吟咏，感受到空气中渐浓的凉意。

遥想幽居的友人所在的山中也应是一片空寂，偶尔会有松子掉落的簌簌轻响打破这安静。此时，他应该同我一样徘徊未眠、满怀想念吧？

诗的前两句写自己的思念，后二句则写对方的思念，彼此生发，情意更为深切感人。

望洞庭　唐·刘禹锡

湖光秋月两相和，
潭面无风镜未磨。
遥望洞庭山水色，
白银盘里一青螺。

【诗说】

秋夜里，在高处俯瞰洞庭湖，澄澈的湖水与皎洁的月光彼此辉映，融和为美玉一般晶莹静美的境界。湖面无风，一望无边，夜色迷蒙，如未曾磨拭的铜镜。遥望月下洞庭湖的山光水影，就像微微闪亮的白银盘里，安放了一枚玲珑可爱的青螺。这比喻新巧奇妙，将洞庭湖的静谧澄明与山水风物之美描绘得栩栩如生，宛如画境。

望洞庭 刘禹锡

湖光秋月两相和
潭面无风镜未磨
遥望洞庭山水色
白银盘里一青螺

四时常记古诗词180首

秋词二首（其一）　　唐·刘禹锡

自古逢秋悲寂寥，
我言秋日胜春朝。
晴空一鹤排云上，
便引诗情到碧霄。

【诗说】

自古以来，每逢秋日，人们便容易产生寂寞悲秋之情，我却认为疏阔静美的秋天胜过百花盛开的春天。秋日的天空晴朗开阔，只见一只白鹤排云直上，便将我的诗兴一同带上了碧蓝的云霄。

这首诗一反悲秋的传统，写景壮美，写情飞扬，读罢有种豁然开朗的高旷感受，而这也正是诗人洒脱胸襟的真实写照。

秋夕　唐·杜牧

银烛秋光冷画屏，
轻罗小扇扑流萤。
天阶夜色凉如水，
坐看牵牛织女星。

【注释】

画屏：画有图案的屏风。

天阶：宫殿的台阶。

【诗说】

银色蜡烛闪动着清冷的微光，投影在旁边有画饰的屏风上。秋天的晚上，无聊的小宫女用手中轻薄的丝罗小扇不停地去追逐扑捉庭院中飞来飞去的点点流萤。夜色渐深，宫殿台阶清凉如水，安静下来的小宫女坐在上面，仰头看着夜空中的牛郎织女双星，心中思量着不知何时自己也能拥有称心的伴侣。这微妙的愁思与遐想以极为委婉的方式表达出来，耐人寻味。

四时常记古诗词180首

相见欢·无言独上西楼

南唐·李煜

无言独上西楼，月如钩。寂寞梧桐深院锁清秋。　剪不断，理还乱，是离愁。别是一般滋味在心头。

【诗说】

默默无言，独自走上西楼，只见天上一弯新月如钩，闪烁着凄清的微光。周遭无比安静，只看到梧桐树寂寞的影子，凉凉秋意笼罩着整个庭院。

那剪不断、理还乱的，是心里深长的离愁。身为亡国之君，失去的不仅是自由、尊严、君王之位和故国山河，还有当初那些欢乐悠游、永不重回的好时光。这种凄苦沉痛又难以言说的复杂滋味日复一日沉积心中，唯有自己默默承受。

短短篇幅写出无限悲凉，无尽哀恸，感人至深。

相见欢　李煜

无言独上西楼
月如钩
寂寞梧桐深院锁清秋
剪不断理还乱
是离愁
别是一般滋味在心头

清平乐·金风细细

宋·晏殊………

金风细细，叶叶梧桐坠。绿酒初尝人易醉。一枕小窗浓睡。　　紫薇朱槿花残。斜阳却照阑干。双燕欲归时节，银屏昨夜微寒。

【注释】

金风：秋风。

绿酒：古时酿酒，未滤尽的酒渣浮在酒面，时间久了变成淡绿色，故称为绿酒。这里指美酒。

浓睡：酣睡，沉睡。

阑干：栏杆。

银屏：嵌有宝石等物的屏风，洁白如银。

【诗说】

细细的秋风吹来，梧桐树的叶子纷纷落下。初次品尝醇美甘洌的美酒，一杯一杯停不下来，不知不觉就喝醉了，于是卧在小窗下沉沉睡去。

醒来后天已昏黄，紫薇与朱槿也都开始凋落，淡淡的斜阳照在栏杆上，留下最后的剪影。暮色中燕子双双归巢，昨夜银白的屏风已经微微生出寒意。

全词写秋日里的闲适情味，在精致清雅的景物描摹中也透露出词人的一些孤寂情绪，语尽而意未尽，惹人回思。

水调歌头·明月几时有

宋·苏轼

丙辰中秋，欢饮达旦，大醉，作此篇。兼怀子由。

明月几时有？把酒问青天。不知天上宫阙，今夕是何年。我欲乘风归去，又恐琼楼玉宇，高处不胜寒。起舞弄清影，何似在人间。　　转朱阁，低绮户，照无眠。不应有恨，何事长向别时圆？人有悲欢离合，月有阴晴圆缺，此事古难全。但愿人长久，千里共婵娟。

【注释】

丙辰：宋神宗熙宁九年（1076年），时苏轼在山东密州任知州。

子由：即苏轼的弟弟苏辙，字子由。

“明月”两句：李白《把酒问月》诗有“青天有月来几时？我今停杯一问之”一句，此处用其意。

琼楼玉宇：形容瑰丽堂皇的建筑物。这里指月中的宫殿。

何似：不如。

朱阁：红色的楼阁。

绮户：刻有纹饰的门窗。

婵娟：月亮。

【诗说】

明月何时出现在这世间的呢？我举着酒杯，向浩渺苍茫的青天发问。不知道天上的宫殿，今晚算作何年何月了。我想要乘着清风回到天宫，又担心那里太过高远，自己会禁受不住月中楼宇的寒凉。不如乘着酒兴，在明亮的月光下翩然起舞，这种欢愉的感受唯有人间才能拥有啊！

夜渐渐深了，月光照遍了华美的楼阁，又低低地照进雕花的门窗里去，照见了辗转难眠的人儿。月亮对人们应该没有什么怨恨之意，但为什么它偏要圆在人们无法团聚的时候？人有悲欢离合的境遇感受，明月也有阴晴圆缺的种种变化，这样的遗憾自古以来便长存世间。只希望相思相知的人能够长久无恙地生活在世上，即使彼此远隔千里，也能沐浴在同一轮明月的清辉下。

全词既展示出苏轼洒脱旷达的豪迈襟怀，又表现了他深情睿智的人生态度，结尾两句更是成为真挚的祝福语，至今广为流传。

西江月·世事一场大梦

宋·苏轼

世事一场大梦，人生几度新凉。夜来风叶已鸣廊，看取眉头鬓上。　酒贱常愁客少，月明多被云妨。中秋谁与共孤光，把盏凄然北望。

【注释】

新凉：指初秋凉爽的天气。

贱：质量差。

【诗说】

纷扰的世事如同一场大梦虚幻而短暂，时光飞逝，天气渐渐凉爽，转眼又到了万物走向萧瑟的秋天。静夜里时时听到树叶被风吹落在空旷的长廊，发出细碎凄清的声响。揽镜自照，两鬓添白，眉头深锁，不禁感怀万千。

家中没有好酒，常常忧愁来访的客人太少，让人心生落寞。仰望夜空，月亮的清辉常被浮云遮蔽。时值中秋佳节，有谁与我共赏这轮象征着团圆的明月呢？此刻只能把酒北望，在心里默默思念亲人，心中无限感慨。

身世之感，怀亲之情，在词中自然交融，悲凉的思绪中又不乏深沉的哲理意味，引人深思。

九／白露行

四时常记古诗词180首

国风·秦风·蒹葭（节选）

先秦·无名氏

蒹葭苍苍，
白露为霜。
所谓伊人，
在水一方。
溯洄从之，
道阻且长。
溯游从之，
宛在水中央。

【注释】

蒹（jiān）葭（jiā）：芦苇。

苍苍：茂密生长的样子。

溯洄：逆水而行。

溯游：顺水而行。

【诗说】

水边的芦苇，长得非常茂密，深秋时节的露水凝结成霜。我思念的人儿，她就在水的另一方。我想逆水而行去找她，但是道路漫长且充满阻碍。于是顺流而下去找她，她好像就在水中央。

短歌行二首（节选）

三国·曹操

对酒当歌，人生几何！
譬如朝露，去日苦多。
慨当以慷，忧思难忘。
何以解忧？唯有杜康。
青青子衿，悠悠我心。
但为君故，沉吟至今。
呦呦鹿鸣，食野之苹。
我有嘉宾，鼓瑟吹笙。

【注释】

杜康：传说中最早酿酒的人，后来用杜康指代美酒。

青青子衿（jīn）：子，对别人表达尊重和敬意的称呼；衿，古代衣服的领子。周代读书人的衣领是青色的，后来用青衿指代有才学、有能力的贤人。

苹：青蒿。

【诗说】

喝着美酒放声高歌，人生岁月来去匆匆啊！就像早晨的露水一样，时光总是流逝太快。席间的歌声慷慨激昂，可我的心里却充满了忧思。怎样才能消除我的苦闷烦恼呢？那就只能是喝美酒了。我的心里一直向往、倾慕那些有学问、有才华的人，为此，已经不知道念叨多少次了。鹿群在呦呦地鸣叫，悠然地啃食着原野上的蒿草。若有贤才之人到我这里来，我必定奏乐来盛情款待啊！

短歌行节选 曹操

对酒当歌人生几何
譬如朝露去日苦多
慨当以慷忧思难忘
何以解忧唯有杜康
青青子衿悠悠我心
但为君故沉吟至今
呦呦鹿鸣食野之苹
我有嘉宾鼓瑟吹笙

秋登万山寄张五

唐·孟浩然

北山白云里，隐者自怡悦。

相望始登高，心随雁飞灭。

愁因薄暮起，兴是清秋发。

时见归村人，平沙渡头歇。

天边树若荠，江畔洲如月。

何当载酒来，共醉重阳节。

【诗说】

遥遥北山的白云幽深之处，朋友张五在那里隐居，襟怀淡泊，自得其乐。秋日里登高眺望，无限思念，心随着天边的大雁飞向远方。黄昏时分常常惹起愁绪万千，清秋的景色又牵动了深沉的诗兴。暮色中，劳动一天的人们三三两两返回村中，有的感到略微劳累，便坐在沙滩旁的渡头歇息。远远望去，天边的树木细小得如荠菜一样，江畔的白色沙洲在黄昏里仿佛一轮朦胧的月亮。何时朋友能携酒前来，与我共醉重阳佳节呢？

玉阶怨　唐·李白

玉阶生白露，
夜久侵罗袜。
却下水晶帘，
玲珑望秋月。

【注释】

罗袜：丝罗织的袜子。

却下：放下。

玲珑：明亮透彻。

【诗说】

玉石砌成的台阶上都是白露，夜晚站久后露水沾湿了罗袜。我放下水晶帘，隔着透明的帘子望向秋天的月亮。

九月九日忆山东兄弟

唐·王维

独在异乡为异客，

每逢佳节倍思亲。

遥知兄弟登高处，

遍插茱萸少一人。

【注释】

茱萸：一种植物，古代习俗，九月九日重阳节要插戴茱萸。

【诗说】

独自一人在异乡漂泊，每逢佳节，就更加思念亲人。遥想兄弟们正在登高共祝重阳节，大家都插着茱萸其乐融融，唯独少了我一人呀！

秋夜曲　唐·王维

桂魄初生秋露微，
轻罗已薄未更衣。
银筝夜久殷勤弄，
心怯空房不忍归。

【注释】

桂魄：月亮。传说中月宫里有桂花树，月亮初生的光芒叫作“魄”，所以桂魄也指代月亮。

轻罗：质地轻薄的衣服。

殷勤弄：反复弹拨。

【诗说】

月亮刚刚升起来的时候，秋天的露水很稀少。轻透凉快的罗衣穿在身上已经显得单薄，但人们还没来得及换衣服。夜深了，我还在反复弹拨银筝，因为害怕自己独守空房，所以不忍心回房睡觉。

秋兴八首（其一）

唐·杜甫

玉露凋伤枫树林，巫山巫峡气萧森。
江间波浪兼天涌，塞上风云接地阴。
丛菊两开他日泪，孤舟一系故园心。
寒衣处处催刀尺，白帝城高急暮砧。

【注释】

凋伤：草木枯萎凋谢。

萧森：阴森。

丛菊两开：杜甫写这首诗时，已经离开成都两年了，所以说是菊花两年开放了两次。

他日泪：形容往日岁月艰难。

急暮砧：黄昏时分急促的捣砧声。

【诗说】

白露浸润，枫树林渐渐萎谢凋零，巫山和巫峡也笼罩在阴森的迷雾中。江上波浪滚滚，好像要连到天边，巫山巫峡风云阵阵，好像要接到地面上。自从我两年前离开成都，已经过去两个秋天了，想起往日的艰难岁月，忍不住泪流满面。如今我乘坐一叶孤舟在外地漂流，心里却始终牵挂着故都长安。天气越来越冷，人们都要准备寒衣了，到处都能听到赶着做衣服的刀尺声音，而白帝城里，黄昏时分也不断传来急促的捣砧声。

登高 唐·杜甫

风急天高猿啸哀，渚清沙白鸟飞回。

无边落木萧萧下，不尽长江滚滚来。

万里悲秋常作客，百年多病独登台。

艰难苦恨繁霜鬓，潦倒新停浊酒杯。

【注释】

渚（zhǔ）：水中的小洲。

落木：树叶不断飘落，这是秋天景象的写照。

潦倒：颓废沮丧的意思。

浊酒：没有过滤的酒，比较浑浊，故称。

【诗说】

风急天高，猿猴的啼叫声听起来格外令人悲伤。水清沙白，鸟儿不断盘旋飞翔。树叶不断飘落，长江滚滚而来，它们好像永远都无穷无尽。我漂泊在外，与亲朋好友相隔万里，人生短暂难过百岁，我却总是疾病缠身，如今一人独自登上高台。想起这些年经历很多艰难苦恨，两鬓已经斑白，不由得心情颓废沮丧，也没有心情继续喝酒了。

登高

杜甫

风急天高猿啸哀
渚清沙白鸟飞回
无边落木萧萧下
不尽长江滚滚来
万里悲秋常作客
百年多病独登台
艰难苦恨繁霜鬓
潦倒新停浊酒杯

十五夜望月寄杜郎中

唐·王建

中庭地白树栖鸦，
冷露无声湿桂花。
今夜月明人尽望，
不知秋思落谁家？

【注释】

中庭：庭院中。

地白：月光照在地上，一片白色。

【诗说】

月光洒在庭院中，地面上一片莹白光芒，鸦雀栖息在树上，悄然无声。夜晚清冷的露水，也无声地沾湿了桂花。今天晚上的月光明亮，家家户户都能望得到，就是不知道究竟有谁在这秋夜里兴起了思念之情呢？

暮江吟　唐·白居易

一道残阳铺水中，
半江瑟瑟半江红。
可怜九月初三夜，
露似真珠月似弓。

【注释】

瑟瑟：碧绿色。

可怜：可爱。

真珠：珍珠。

【诗说】

夕阳西下，残阳渐渐消逝。此时看江水，只见一半江水是红的，另一半江水是绿的，甚是美丽。更可爱的是，到了九月初三的晚上，白露像珍珠一般圆润透亮，弯弯的月亮则像一把弯弓。

九

白露行

毛诗图　周臣〔明〕

雁门太守行　唐·李贺

黑云压城城欲摧，甲光向日金鳞开。
角声满天秋色里，塞上燕脂凝夜紫。
半卷红旗临易水，霜重鼓寒声不起。
报君黄金台上意，提携玉龙为君死！

【注释】

甲光：太阳照耀在铠甲上折射的光芒。

燕脂：胭脂，这里是指塞上的泥土就像凝结的胭脂一样。

夜紫：黑暗中的紫色，这里指鲜血的颜色。

易水：河水的名字。这里借用荆轲的典故，荆轲准备前去刺秦王，众人在易水为他送别，气氛悲壮。

黄金台：地址名。这里借用燕昭王的典故，相传燕昭王筑台放置黄金，招募勇士。

玉龙：指宝剑。

【诗说】

敌兵像黑云一样乌压压地扑过来，阳光照耀在将士们的铠甲上，像金色的鱼鳞一样闪闪发光。战斗的号角吹响，在萧瑟的秋天里听起来格外悲壮，战事激烈，将士们流下的鲜血染红了塞上的土地，在夜色中呈现为紫色。援军一路赶到易水，为了不惊动敌人而红旗半卷，夜深露寒，鼓声低沉。之所以这么奋不顾身，都是为了报答君王的知遇之恩，才提起宝剑奋勇拼杀呀！

夜雨寄北　唐·李商隐

君问归期未有期，

巴山夜雨涨秋池。

何当共剪西窗烛，

却话巴山夜雨时。

【注释】

巴山：大巴山，这里借指四川一带。

剪烛：将蜡烛的灯芯剪掉一部分，让蜡烛能燃烧得更明亮、时间更长。

【诗说】

你问我什么时候回家，其实我自己都无法确定下来。我所在的四川下了整整一晚上的雨，使得秋天池塘的水涨了许多。我一直都想念着你，却不知道什么时候才能回家和你一起剪烛，在深夜里交心畅谈，共同回忆那些在外漂泊、相互思念的日子呢？

蝶恋花·槛菊愁烟兰泣露

宋·晏殊

槛菊愁烟兰泣露，罗幕轻寒，燕子双飞去。明月不谙离恨苦，斜光到晓穿朱户。　　昨夜西风凋碧树，独上高楼，望尽天涯路。欲寄彩笺兼尺素，山长水阔知何处！

【注释】

罗幕：丝罗制的帷幕。

不谙（ān）：不了解。

朱户：富贵人家，大户人家。

尺素：书信。

【诗说】

栏杆外的菊花似乎蒙着一层愁烟，兰花上的露珠好像泪水，丝罗帷幕也挡不住轻寒，一对燕子已经飞走了。明月不懂得离别的痛苦，斜照的月光直到天明还透过朱户照进来。

昨夜的西风吹得碧树凋零，我独自走上高楼，望向那消失在天边的道路。想给我思念的人寄去书信，但高山险阻、水路绵长，不知道那个人究竟在哪里呢？

点绛唇·蹴罢秋千

宋·李清照

蹴罢秋千，起来慵整纤纤手。露浓花瘦，薄汗轻衣透。　　见客入来，袜刬金钗溜。和羞走。倚门回首，却把青梅嗅。

【注释】

蹴（cù）：踏。

慵：懒懒的样子。

刬（chǎn）：同“铲”，这里指鞋子掉了。

【诗说】

荡完秋千站起身，少女懒洋洋地，草草整理自己那纤细的手。身旁的花枝很细，上面的露水又多又浓，她刚才出汗太多，衣服都湿透了。

看到有客人来，她慌得连鞋子都来不及穿上，直接穿着袜子就走，头上的金钗也掉了下来。虽然这样羞答答地跑开了，但又想看看来客的模样，于是她倚靠着门边，回过头来，假装在闻青梅的芳香。

秋凉晚步　宋·杨万里

秋气堪悲未必然，
轻寒正是可人天。
绿池落尽红蕖却，
荷叶犹开最小钱。

【注释】

可人：合人心意，可爱。

红蕖：红色的荷花。

却：退下的意思。

【诗说】

秋天就一定让人觉得悲伤吗？恐怕也未必。轻微的寒冷，不正是最可爱的季节吗？绿色池塘里，红色的荷花已经凋谢，但是，还留有新长出的小小的荷叶，看起来像最小的铜钱那么大呢！

十／霜满天

四时常记古诗词180首

四时常记古诗词180首

饮酒二十首（其五）

晋·陶渊明

结庐在人境，而无车马喧。
问君何能尔？心远地自偏。
采菊东篱下，悠然见南山。
山气日夕佳，飞鸟相与还。
此中有真意，欲辨已忘言。

【注释】

结庐：建造房屋，这里是居住的意思。

喧：喧嚣，吵闹。

尔：这样。

日夕：傍晚。

【诗说】

我居住在人群密集的地方，却没有车马喧嚣、人来人往的烦恼。你如果要问我：怎样才能做到这一点？我的回答是：心境悠远，就自然而然觉得自己住得偏僻了。我在东篱下采摘菊花，抬头能看到远处的南山。傍晚时分的山间景色最为美好，鸟儿们一起飞回巢中。眼前的景象让我感受到大自然的真理妙趣，想要再仔细辨别品味，却不知道该如何表达出来。

饮酒二十首其五

陶渊明

结庐在人境
而无车马喧
问君何能尔
心远地自偏
采菊东篱下
悠然见南山
山气日夕佳
飞鸟相与还
此中有真意
欲辨已忘言

太湖秋夕

唐·王昌龄

水宿烟雨寒，洞庭霜落微。
月明移舟去，夜静魂梦归。
暗觉海风度，萧萧闻雁飞。

【注释】

萧萧：形容风声。

【诗说】

我在太湖的船上过夜，烟雨寒冷，洞庭山落下一层微霜。月光明亮，船儿移动，夜晚很安静，恍惚间进入梦乡。感觉有海风吹过，还听到了风声和大雁飞过的声音。

静夜思　唐·李白

床前明月光，
疑是地上霜。
举头望明月，
低头思故乡。

【注释】

床：争议较大，至今有“床”“井台”“窗户”等多种说法，这里采取通用的“窗户”之义，即“床”是“窗”的通假字。

【诗说】

明亮的月光洒在窗上，看起来好像地面上蒙了一层霜。抬头望见明月，低头则忍不住开始思念故乡。

秋浦歌十七首（其十五）

唐·李白

白发三千丈，
缘愁似个长。
不知明镜里，
何处得秋霜。

【注释】

白发三千丈：为夸张的说法，形容头发很长。

缘：因为。

个长：这么长。

【诗说】

白头发居然像三千丈那么长，这是因为心中的愁绪就有这么长啊！看着镜子里的自己，都不知道为什么会长这么多白头发，就像秋天的霜覆盖在了头上。

送远　唐·杜甫

带甲满天地，胡为君远行。
亲朋尽一哭，鞍马去孤城。
草木岁月晚，关河霜雪清。
别离已昨日，因见古人情。

【注释】

带甲：全副武装的士兵。

胡为：为什么。

关河：关山河川。

【诗说】

遍地都是全副武装的士兵，为什么我这时候要远行呢？亲朋好友都在哭泣，我在他们的哭声中骑着马离开了这座孤城。草木凋零，时节已近年末，关山河川，处处冷清，只余霜雪。虽然昨天我就已经离开，但眼见此情此景我还是有些伤感，怀念他们对我的情意。

枫桥夜泊　唐·张继

月落乌啼霜满天，
江枫渔火对愁眠。
姑苏城外寒山寺，
夜半钟声到客船。

【注释】

江枫：江边的枫树。

渔火：渔船上的灯火。

姑苏：苏州。

【诗说】

月亮已经落下，乌鸦不断啼叫，寒霜遍地，让人感觉寒意无处不在。船停泊在枫桥，对着江边的枫树和渔船上的灯火，我的心中涌起阵阵愁绪，难以入睡。而姑苏城外的寒山寺，半夜敲钟的钟声不断传到客船上来。

枫桥夜泊

张继

月落乌啼霜满天，
江枫渔火对愁眠。
姑苏城外寒山寺，
夜半钟声到客船。

送友人 唐·薛涛

水国蒹葭夜有霜，
月寒山色共苍苍。
谁言千里自今夕，
离梦杳如关塞长。

【注释】

苍苍：青色。

关塞：边关，边塞。

【诗说】

水乡的夜晚，寒霜很重，水草茂盛。月光笼罩深山，一片青青山色。谁说我们的千里离别要从今夜开始算起呢？我们还可以在梦中相见。当然，我也知道，梦中相见其实不容易，因为那梦，就像边塞一样遥不可及呢！

村夜　唐·白居易

霜草苍苍虫切切，
村南村北行人绝。
独出前门望野田，
月明荞麦花如雪。

【注释】

苍苍：灰白色。

切切：虫的叫声。

【诗说】

打过霜的草地看上去一片灰白色，小虫在丛中不停地叫，村南村北都看不到一个行人。我独自出门瞭望田野，只见月光明亮，荞麦田看起来白花花的一片，像白雪一样美丽皎洁。

李凭箜篌引 唐·李贺

吴丝蜀桐张高秋，空山凝云颓不流。
江娥啼竹素女愁，李凭中国弹箜篌。
昆山玉碎凤凰叫，芙蓉泣露香兰笑。
十二门前融冷光，二十三丝动紫皇。
女娲炼石补天处，石破天惊逗秋雨。
梦入神山教神妪，老鱼跳波瘦蛟舞。
吴质不眠倚桂树，露脚斜飞湿寒兔。

【注释】

箜篌：古乐器名。

张：调好了弦准备演奏。

江娥啼竹：借用湘妃啼竹的典故。相传舜死后，他的妃子娥皇、女英听到消息后痛哭，泪水洒在竹子上，使竹子都长出了斑。

素女：神话传说中擅长鼓瑟的神女。

中国：指京城。

十二门：长安城有十二座城门，这里指代长安城。

二十三丝：箜篌有二十三根弦，这里指代箜篌。

紫皇：道教的神仙，这里指代天府的神仙。

神妪：神仙。

【诗说】

一个深秋之日，李凭弹起了用吴丝蜀桐做的箜篌，空中的云听到美妙的乐音后，都停止了飘动。湘妃滴下泪水洒满竹子，素女也牵动了一片愁绪，这些都是由于李凭在京城弹箜篌呀！

乐音如此动听，如同昆山美玉碎裂的声音，又像凤凰鸣叫。乐音有时低沉，就像芙蓉花在露水中哭泣，有时又欢快，如同香兰花绽放了笑容。长安城里的人们啊，听到这箜篌声，连笼罩京城的寒气都感觉不到了。

旋律美妙，连天上的神仙都被打动了。乐音直上云霄，到达女娲补天的地方，补天的五色石听到后纷纷破碎，引起秋雨绵绵。恍惚中，乐音又仿佛进入神山，打动了神仙，连老鱼和瘦蛟都激动得跳个不停。乐音传到了月宫，吴刚忘记了休息，倚靠桂树忘情倾听，玉兔一动不动，都顾不上全身被滴下的露水沾湿。

山行　唐·杜牧

远上寒山石径斜，
白云生处有人家。
停车坐爱枫林晚，
霜叶红于二月花。

【注释】

斜（xiá）：倾斜。

坐：因为。

【诗说】

登上远处的深山，石子铺成的小路弯弯曲曲。白云飘浮的地方居然还有人家。我停下车来，只因为喜爱这枫林晚景，被霜染过的红叶，居然比那二月的春花还要美丽。

霜月　唐·李商隐

初闻征雁已无蝉，
百尺楼高水接天。
青女素娥俱耐冷，
月中霜里斗婵娟。

【注释】

征雁：大雁春天北飞，秋天南飞，所以被称为征雁。

青女：掌管霜雪的神女。

素娥：嫦娥。

婵娟：形容女子美好。

【诗说】

开始听到南飞大雁的叫声，才发现已经听不到蝉鸣了。登上百尺高楼，向远方望去，目光所到之处，水天一色，分不出边际。青女和嫦娥都不怕寒冷，寒霜清冷，月光清亮，就好像她俩在争奇斗艳，竞逐美丽。

渔家傲·秋思

宋·范仲淹

塞下秋来风景异，衡阳雁去无留意。四面边声连角起，千嶂里，长烟落日孤城闭。　　浊酒一杯家万里，燕然未勒归无计。羌管悠悠霜满地，人不寐，将军白发征夫泪！

【注释】

衡阳雁去：传说中每年北雁南飞，到湖南衡山的回雁峰后，就不再往南飞了。

边声：边塞处传来的声音。

千嶂：崇山峻岭。

浊酒：没有过滤的酒，比较浑浊。

燕然未勒：借用燕然勒功的典故表示还没有建立功业。东汉大将军窦宪追击匈奴到塞外，登燕然山，勒石记功。

寐：睡觉。

【诗说】

秋天来了，塞外的风景和南方有很大的差别，大雁向南方的衡阳飞去，毫无留恋之意。军中号角吹响，连带着边塞四周各种各样的声音一块响起。周边都是崇山峻岭，夕阳西下，长烟茫茫，孤零零的城门紧闭。

喝一杯没有过滤的浊酒，功业未建，不能归去。羌笛悠悠吹响，寒霜满地，怎么都睡不着觉。在边塞艰难度日，将军和士兵们白了头发，因思念亲人而流下了眼泪。

赠刘景文　宋·苏轼

荷尽已无擎雨盖，
菊残犹有傲霜枝。
一年好景君须记，
最是橙黄橘绿时。

【注释】

荷尽：荷花凋谢。

擎雨盖：形容荷叶像向上举起的雨伞。

橙黄橘绿：橙子黄了，橘子绿了。形容秋末时候。

【诗说】

荷花凋谢，连带着荷叶也一起枯萎。菊花虽然残谢，但花枝仍旧傲然挺立，经得起寒霜考验。你要知道什么时候才是一年中最好的时光，就是那橙子黄了、橘子绿了的深秋时候呀！

天净沙·秋思

元·马致远

枯藤老树昏鸦，小桥流水人家，古道西风瘦马。夕阳西下，断肠人在天涯。

【注释】

昏鸦：黄昏时归巢的乌鸦。

古道：年代久远的路。

【诗说】

黄昏时分，乌鸦飞回了枯藤缠绕的老树上。小桥下流水不断，岸边还有人家。年代久远的古道上，秋风瑟瑟，瘦弱的马儿走得慢吞吞。

夕阳即将西落，我漂泊天涯，看到眼前的景象，忍不住思念家乡亲朋，心痛到肠断。

西厢记·长亭送别·端正好

元·王实甫

碧云天，黄花地，西风紧，北雁南飞。晓来谁染霜林醉？总是离人泪。

【注释】

黄花：菊花。

【诗说】

晴朗的蓝天飘着白云，地上开满黄色的菊花，西风吹得非常猛烈，北方的大雁正在向南飞。

天刚拂晓，树叶上结了一层轻霜，经霜的红叶就像是人喝醉酒的面色。唉，也许是被那将要离别的人儿的泪水染红的吧！

鸡声茅店月　袁耀〔清〕

十二／一片寒

四时常记古诗词180首

登快阁 宋·黄庭坚

痴儿了却公家事，快阁东西倚晚晴。
落木千山天远大，澄江一道月分明。
朱弦已为佳人绝，青眼聊因美酒横。
万里归船弄长笛，此心吾与白鸥盟。

【注释】

快阁：阁楼名，在今江西省吉安市。

痴儿：作者自指。

澄江：赣江。

朱弦：这里借用的是俞伯牙和钟子期的典故。相传两人为知己，子期死后，伯牙断弦，终身不再鼓琴。

青眼：这里借用的是阮籍的典故。据说阮籍善为青白眼，看到欣赏、喜欢的人，就青眼有加，看到不喜欢的俗人，就翻白眼。

白鸥盟：与白鸥订盟为友，表示没有机心，愿意归隐避世。

【诗说】

我结束了一天忙碌的工作，登上快阁，欣赏傍晚晴朗的天色。树叶已经纷纷落下，放眼向远处眺望，千山可见，天空辽阔，月光洒在赣江上，只见江水清澈，像一条白练。朋友知己不在身边，我也就懒得弹琴。我的眼睛，只有在看到美酒时才会充满喜悦。我多么想吹着笛子坐船回到万里之外的家乡，在那里和白鸥订盟为友，从此归隐，不再理会世间俗事啊！

于易水送人一绝

唐·骆宾王

此地别燕丹，
壮士发冲冠。
昔时人已没，
今日水犹寒。

【注释】

易水：水名，在今河北省易县。

燕丹：燕太子丹。

发冲冠：形容人的情绪比较激动或愤怒，头发直竖的样子。

没：死去。

【诗说】

在易水这个地方，荆轲曾经和燕太子丹告别，他怒发冲冠、豪气满天，真是一位壮士！今天我来到这里，当年的那位壮士已经不在人世间了，易水却还是那么寒冷！

早寒有怀　唐·孟浩然

木落雁南度，北风江上寒。
我家襄水曲，遥隔楚云端。
乡泪客中尽，孤帆天际看。
迷津欲有问，平海夕漫漫。

【注释】

襄水曲：襄水转弯的地方。襄水，汉水流经湖北襄阳境内的一段。

迷津：迷路。

平海：宽广平静的江面。

【诗说】

树叶落了，大雁南飞，江面上北风呼号，寒气很重。我家住在襄水转弯的地方，远远地隔着楚天云海。在外漂泊久了，思念家乡的泪水都流尽了，只看到遥远的天际有孤帆飘动。我迷路了，想找人问路，可夕阳西下，只有宽广平静的江面，又该问谁呢？

芙蓉楼送辛渐二首（其一）

唐·王昌龄

寒雨连江夜入吴，
平明送客楚山孤。
洛阳亲友如相问，
一片冰心在玉壶。

【注释】

平明：天亮的时候。

冰心：比喻纯洁的心灵。

玉壶：玉制成的壶。

【诗说】

寒冷的雨下个不停，我夜里来到吴地，到天亮的时候，把朋友送走了，自己孤独地对着楚地的山。洛阳的亲朋好友若是问起我来，就告诉他们，我的心，仍然像放在玉壶里的冰那样纯洁，没有受到俗世的污染。

芙蓉楼送辛渐

二首 其一

王昌龄

寒雨连江夜入吴
平明送客楚山孤
洛阳亲友如相问
一片冰心在玉壶

夜泊牛渚怀古 唐·李白

牛渚西江夜，青天无片云。
登舟望秋月，空忆谢将军。
余亦能高咏，斯人不可闻。
明朝挂帆席，枫叶落纷纷。

【注释】

牛渚：山名，在今安徽省当涂县。

西江：从江苏南京到江西的一段长江。

谢将军：指东晋的谢尚将军。

高咏：借用谢尚和袁宏的典故。东晋谢尚镇守牛渚，秋夜泛舟江上，听到袁宏吟诗，欣赏他的才华并加以提携。

【诗说】

西江的牛渚山旁，夜晚的天空连一片云都没有。我登上船，仰望秋月，突然想起了谢尚将军。我也能作诗高咏，却不像袁宏那样，能让谢将军听到。明天就要挂起帆船离开了，到时可能只有漫天的枫叶纷纷落下吧！

菩萨蛮·平林漠漠烟如织

唐·李白

平林漠漠烟如织，寒山一带伤心碧。暝色入高楼，有人楼上愁。　　玉阶空伫立，宿鸟归飞急。何处是归程，长亭连短亭。

【注释】

平林：平原上的树木。

漠漠：迷蒙的样子。

暝色：夜色。

【诗说】

平原上的树木被烟雾笼罩，好像纺织物的纹路一样稠密。山色苍翠，让人看了有伤心的感觉。夜色降临，走上高楼，发现楼上有人正在发愁。

在玉阶上长时间地站立等候，只见那回家的鸟儿飞得很急。我的归途又在哪里呢？一座长亭连着一座短亭，多么遥远啊！

月夜　唐·杜甫

今夜鄜州月，闺中只独看。
遥怜小儿女，未解忆长安。
香雾云鬟湿，清辉玉臂寒。
何时倚虚幌，双照泪痕干？

【注释】

鄜（fū）州：地名，在今陕西省富县。当时战乱，杜甫在长安，家属在鄜州。

虚幌：透光的窗帷。

【诗说】

今夜鄜州的月亮，闺房中的夫人只能自己独看了。我在遥远的长安思念我的一双小儿女，现在他们还不懂得思念父亲。我想那蒙蒙的雾气，会沾湿夫人的发髻，清冷的月光，会照耀在她玉般的胳膊上。不知道什么时候，我才能和她一起倚靠着那透光的窗帷，让月光把我们的泪痕照干呢？

西塞山怀古　唐·刘禹锡

王濬楼船下益州，金陵王气黯然收。
千寻铁锁沉江底，一片降幡出石头。
人世几回伤往事，山形依旧枕寒流。
今逢四海为家日，故垒萧萧芦荻秋。

【注释】

王濬（jùn）：西晋的益州刺史，三国后期晋武帝安排王濬造船伐吴。

金陵：今天的南京。

寻：古代长度单位。

铁锁：东吴为抵抗西晋，在江面上设置铁锁拦截船只，后来失败。

降幡：投降的旗帜。

故垒：古代的堡垒。

【诗说】

王濬的战船从益州出发，顺长江而下，金陵城的帝王之气就黯然失色了。千寻长的铁锁沉入江底，一片投降的旗帜从石头城上升起，标志着东吴的灭亡。人生中有多少次为往事伤感，但西塞山依然倚靠长江不变。如今四海统一，而当年的堡垒上布满芦荻，一派萧瑟的秋天景象。

寒闺怨　唐·白居易

寒月沉沉洞房静，
真珠帘外梧桐影。
秋霜欲下手先知，
灯底裁缝剪刀冷。

【注释】

沉沉：形容低沉。

洞房：深邃的内室。

真珠：珍珠。

【诗说】

寒月低沉，内室很安静，透过珍珠帘子，能看到室外梧桐树的影子。秋霜快要落下了，妇人的手已经提前感觉到寒冷，她在灯下用冰冷的剪刀为远在边疆戍守的亲人裁缝御寒的衣衫。

泊秦淮　唐·杜牧

烟笼寒水月笼沙，夜泊秦淮近酒家。
商女不知亡国恨，隔江犹唱《后庭花》。

【注释】

商女：歌女。

《后庭花》：歌曲《玉树后庭花》的简称。这首曲子的作者是陈后主陈叔宝，因为陈叔宝是亡国之君，所以这首曲子也被看作是亡国之曲。

【诗说】

寒冷的江水被烟雾笼罩，朦胧的月光照耀在沙滩上。夜晚来临，我乘坐的船儿停泊在秦淮河边，离酒家很近。卖唱的歌女不知道亡国之痛啊，隔着江水还在唱那首亡国之曲《玉树后庭花》。

长相思·一重山

南唐·李煜

一重山，两重山。山远天高烟水寒，相思枫叶丹。　　菊花开，菊花残。塞雁高飞人未还，一帘风月闲。

【注释】

塞雁：塞外的大雁，秋天飞回。

【诗说】

一重山，两重山，山势重叠。山很远，天很高，烟水茫茫，带着寒气，我的思念就像火红的枫叶一样。

菊花开了又谢，塞外的大雁秋天飞回来了，可我思念的人儿还没有回来。风儿吹动帘子，月光闪耀，秋景美好，我却无心欣赏。

苏幕遮·怀旧　宋·范仲淹

碧云天，黄叶地，秋色连波，波上寒烟翠。山映斜阳天接水，芳草无情，更在斜阳外。　黯乡魂，追旅思，夜夜除非，好梦留人睡。明月楼高休独倚，酒入愁肠，化作相思泪。

【注释】

追：追随，这里有缠绕的意思，

【诗说】

碧空如洗，黄叶满地，秋色与秋波相连，水天一色，使得水波也染上了空翠且带有寒意的秋烟。山峰映着斜阳，天尽头就是水光，而那芳草延绵不断，一直延伸到斜阳之外。

思念故乡，黯然神伤，我的心被旅居在外的愁思缠绕，除非夜夜做好梦才能得到缓解。明月照耀高楼，但我不想独自倚靠高楼呀！只能不停喝酒，酒入愁肠，最后都会化作相思的泪水。

苏幕遮 怀旧

范仲淹

碧云天 黄叶地
秋色连波
波上寒烟翠
山映斜阳天接水
芳草无情更在斜阳外
黯乡魂追旅思
夜夜除非
好梦留人睡
明月楼高休独倚
酒入愁肠化作相思泪

四时常记古诗词180首

卜算子·黄州定慧院寓居作

宋·苏轼 ………

缺月挂疏桐，漏断人初静。谁见幽人独往来，缥缈孤鸿影。　　惊起却回头，有恨无人省。拣尽寒枝不肯栖，寂寞沙洲冷。

【注释】

漏：更漏，计时器。

鸿：大雁。

省（xǐng）：理解，懂得。

【诗说】

弯月挂在稀疏的梧桐树上，滴漏声已断，时至深夜，人们都安静下来了。谁都没有发现，幽居的人独自往来，就像那孤雁的影子。

孤雁被人惊动，飞起回首，内心充满遗憾与幽怨，却没人能理解。它拣尽寒枝，却不肯停下来栖息，宁愿独自停留在寂寞冷清的沙洲上。

卜算子

黄州定慧院寓居作

苏轼

缺月挂疏桐
漏断人初静
谁见幽人独往来
缥缈孤鸿影
惊起却回头
有恨无人省
拣尽寒枝不肯栖
寂寞沙洲冷

夜书所见　宋·叶绍翁

萧萧梧叶送寒声，
江上秋风动客情。
知有儿童挑促织，
夜深篱落一灯明。

【注释】

促织：蟋蟀。

【诗说】

风儿吹动梧桐叶，萧萧的风声带着寒意。江上秋风吹起，让旅居在外的客人动了思乡之情。有孩子在斗蟋蟀，夜深了，透过篱笆还能看到灯没有熄灭。

小重山·昨夜寒蛩不住鸣

宋·岳飞

昨夜寒蛩不住鸣。惊回千里梦，已三更。起来独自绕阶行，人悄悄，帘外月胧明。　白首为功名。旧山松竹老，阻归程。欲将心事付瑶琴，知音少，弦断有谁听？

【注释】

寒蛩（qióng）：深秋的蟋蟀。

旧山：故乡的山。

【诗说】

昨天夜里蟋蟀叫个不停，把我惊醒。醒来已经是三更时分。我索性起床，一个人绕着台阶行走，周围寂静无声，帘外月光朦胧。

鬓发已白，我为功名一直奋斗着，连故乡山上的松树和竹子都已经老了吧？时光流逝，阻断了我的归程。满腔心事，只想抚弄瑶琴来排遣，无奈知音太少，就算我把琴弦都弹断了，又有谁来倾听我的心声呢？

且听寒响图（部分） 项圣谟〔明〕

十二／朔风紧

岁暮　晋·谢灵运

殷忧不能寐，苦此夜难颓。
明月照积雪，朔风劲且哀。
运往无淹物，年逝觉已催。

【注释】

殷忧：深深的忧虑。

颓：尽。

朔风：北风。

运往：时间流逝。

淹物：淹物指久远存在的物体；淹，久远。

【诗说】

我沉浸在深深的忧虑中，睡不着觉，烦恼这夜晚如此漫长而没有尽头。明月照耀在积雪上，北风狂吹怒吼。时间过得太快，没有能永恒存在的物体，一年很快就要过去了，我觉得自己是在被时间不停地催促着！

庭梅咏

唐·张九龄

芳意何能早，孤荣亦自危。
更怜花蒂弱，不受岁寒移。
朝雪那相妒，阴风已屡吹。
馨香虽尚尔，飘荡复谁知。

【注释】

尚尔：仍然。

【诗说】

梅花为什么早早绽放，将芬芳带到人间呢？这样一枝独秀，是把自己置于危险的处境中呀！更让我怜惜的是，梅花的花蒂虽然弱小，却能经受住寒冷的考验。纷飞的晨雪嫉妒它，阴冷的北风想摧毁它。它虽然仍然散发出清香，但谁又知道会飘荡到哪里去呢？

四时常记古诗词180首

行路难三首（其一）

唐·李白

金樽清酒斗十千，玉盘珍羞直万钱。
停杯投箸不能食，拔剑四顾心茫然。
欲渡黄河冰塞川，将登太行雪满山。
闲来垂钓碧溪上，忽复乘舟梦日边。
行路难，行路难，多歧路，今安在？
长风破浪会有时，直挂云帆济沧海！

【注释】

樽：盛酒的器具。

羞：同“馐”，指美食。

直：同“值”，指价值。

投箸：放下筷子。

垂钓：钓鱼，这里是借用姜太公的典故。姜太公年纪很大了还没有得到很好的机会，他在河边钓鱼，遇到周文王，后来被重用。

乘舟：坐船，这里是借用伊尹的典故。伊尹曾梦见自己坐船从日月旁边经过，后来他被商汤王重用。

济：过河。

【诗说】

金杯里的清酒一斗值十千，玉盘中的美味也是价值万钱。我放下酒杯和筷子，不想再吃了，拔剑四望，心中茫然。我想渡过黄河，但寒冰封住了河流；我想登上太行山，但大雪满山，行路艰难。以前姜太公在河边钓鱼，后来遇到周文王；伊尹梦见自己坐船从日月旁边经过，后来被商汤王重用。他们都是一直坚持、最终得到机会的例子，我也应该有信心啊！行路很难，面前的歧路太多，让人不知身处何方，总是难以选择。但是总会有乘风破浪的时候吧，那时一定要扬起云帆、渡过沧海！

观放白鹰二首（其二）

唐·李白

寒冬十二月，苍鹰八九毛。

寄言燕雀莫相啅，自有云霄万里高。

【注释】

八九毛：老鹰被捕获后剪去羽毛，防止飞走。

啅（zhào）：鸟雀聒噪的状态。

【诗说】

寒冬十二月，老鹰被抓住后剪去了羽毛，暂时没法飞起来。它对那些叽叽喳喳嘲笑它的鸟雀们说：“别幸灾乐祸，我迟早会再飞上那万里云霄。”

岁暮　唐·杜甫

岁暮远为客，边隅还用兵。
烟尘犯雪岭，鼓角动江城。
天地日流血，朝廷谁请缨？
济时敢爱死？寂寞壮心惊！

【注释】

边隅：边疆地区。

雪岭：在成都西边，也称西山。

江城：涪江旁边的梓州，在今四川省绵阳市三台县。

请缨：主动请求出战。

【诗说】

已经到年末了，我还在异乡漂泊为客，边关的战事还没有停歇。烽烟和征尘不断进犯雪岭，战争的鼓角声震动了整座梓州城。天地之间，战士们天天都在流血牺牲，而朝廷大臣却没有谁主动请缨。救济时艰，我岂敢爱惜自己的性命？但报国无门，唯有在寂寞里，让一片壮心逐渐变冷啊！

冬夕　唐·岑参

浩汗霜风刮天地，
温泉火井无生意。
泽国龙蛇冻不伸，
南山瘦柏消残翠。

【注释】

浩汗：形容风霜很大很猛。

火井：炉火，炭炉。

泽园：河流湖泊等。

【诗说】

风霜很大很猛，在天地间刮过，甚至连温泉的炉火边都没有了勃勃生气。江河湖海冰冻得弯弯曲曲，像龙蛇一样，无法伸展开来。南山的那些柏树也凋谢了最后的一点翠色，显得更消瘦了。

四时常记古诗词180首

塞下曲六首

（其三） 唐·卢纶

月黑雁飞高，
单于夜遁逃。
欲将轻骑逐，
大雪满弓刀。

【注释】

单（chán）于：指匈奴的首领。

遁：逃跑。

将：率领。

轻骑：装备轻便、行动快速的骑兵。

【诗说】

没有月光的夜晚，大雁飞得很高，单于趁着天黑逃跑了。我要率领骑兵去追赶他，尽管大雪纷飞，雪花已经落满了我们的弓刀。

洛桥晚望　　唐·孟郊

天津桥下冰初结，

洛阳陌上人行绝！

榆柳萧疏楼阁闲，

月明直见嵩山雪。

【注释】

天津桥：在今河南省洛阳市，桥在洛水上，也被称为洛桥。

陌：泛指道路。

嵩（sōng）山：在河南省，五岳之一。

【诗说】

初冬时节，天津桥下的水刚刚结冰，洛阳城的道路上，已经没有了行人的踪迹。榆树和柳树的枝条都变得稀疏，楼阁静寂空旷，明亮的月光照耀，使人能够一直望见嵩山上的白雪。

邯郸冬至夜思家

唐·白居易

邯郸驿里逢冬至，
抱膝灯前影伴身。
想得家中夜深坐，
还应说着远行人。

【注释】

邯郸：地名，在今河北省邯郸市。

【诗说】

恰逢冬至日，我在邯郸的驿站里度过。抱着双膝，灯前只有影子和我相伴。我想，家里人此时深夜围坐，应该还在挂念着我这个远行人吧！

梅花　唐·崔道融

数萼初含雪，孤标画本难。
香中别有韵，清极不知寒。
横笛和愁听，斜枝倚病看。
朔风如解意，容易莫摧残。

【注释】

孤标：别树一帜。

朔风：北风。

容易：轻易。

【诗说】

梅花的花萼初开，还含着积雪。它孤傲出众，让人难以画出它的风姿。梅花清香幽雅，别有韵味，它是那样的清新，看着它都感觉不到冬天的寒冷。我拖着病体倚靠花枝看梅，带着愁绪听那横笛声。北风啊，如果你善解人意，就不要轻易摧残那美丽可爱的梅花呀！

卜算子·咏梅　宋·陆游

驿外断桥边，寂寞开无主。已是黄昏独自愁，更著风和雨。　　无意苦争春，一任群芳妒。零落成泥碾作尘，只有香如故。

【注释】

无主：自生自灭，无人照管。

一任：完全听凭。

零落：凋零。

【诗说】

驿站外的断桥边，梅花寂寞开放，无人照管。已经是黄昏时分，梅花独自含愁，偏偏又遇到风雨交加的恶劣天气。

它无意去苦苦争夺春天的光彩，完全听凭其他花儿的嫉妒。凋零落入泥土，被碾碎为尘埃，清香却依然存在。

卜算子 咏梅

陆游

驿外断桥边
寂寞开无主
已是黄昏独自愁
更著风和雨
无意苦争春
一任群芳妒
零落成泥碾作尘
只有香如故

幽居乐事图　陆治〔明〕

梅花绝句二首（其一）

宋·陆游

闻道梅花坼晓风，
雪堆遍满四山中。
何方可化身千亿，
一树梅花一放翁。

【注释】

坼（chè）：裂开，这里是梅花绽开的意思。

放翁：陆游的号。陆游字务观，号放翁。

【诗说】

听说梅花在早晨的风中绽放了，像雪一样，开满了四周的山。有什么办法可以让我有千亿个化身呢？这样，每一树梅花前就都可以有一个我了。

扬州慢·淮左名都

宋·姜夔

淳熙丙申至日，予过维扬，夜雪初霁，荠麦弥望。入其城，则四顾萧条，寒水自碧。暮色渐起，戍角悲吟。予怀怆然，感慨今昔，因自度此曲，千岩老人以为有黍离之悲也。

淮左名都，竹西佳处，解鞍少驻初程。过春风十里。尽荠麦青青。自胡马窥江去后，废池乔木，犹厌言兵。渐黄昏，清角吹寒。都在空城。　杜郎俊赏，算而今、重到须惊。纵豆蔻词工，青楼梦好，难赋深情。二十四桥仍在，波心荡、冷月无声。念桥边红药，年年知为谁生！

【注释】

淳熙丙申至日：宋孝宗淳熙三年（1176年）冬至日。

维扬：指扬州。

千岩老人：南宋诗人萧德藻，自号千岩老人。姜夔是他的侄女婿。

黍离：《诗经》中的一首诗，表达了对家国兴亡的感慨和故国之思。

淮左名都：指扬州。宋朝设置有淮南东路行政区，扬州为其首府。古代人面朝南方时，称呼东方为左，西方为右，所以淮东就是淮左。

名都：有名的城市。

竹西：指扬州的竹西亭。

少驻：稍作停留。

初程：刚开始的行程。

春风十里：借用杜牧《赠别二首》诗句“春风十里扬州路，卷上珠帘总不如”，指代扬州繁华。

荠（jì）麦：野生的麦子。

胡马窥江：这里指南宋与金对立期间，金兵两次南下，洗劫扬州城，给这座城市及其民众带来了巨大破坏和伤害。

废池：荒废的池台。

清角：清冷的号角声。

杜郎：指杜牧，他曾在扬州任官。

俊赏：形容才士。

豆蔻词工：借用杜牧《赠别二首》诗句“娉娉袅袅十三余，豆蔻梢头二月初”，形容写诗的才华。

青楼梦好：借用杜牧《遣怀》诗句“十年一觉扬州梦，赢得青楼薄幸名”，形容写诗的才情。

二十四桥：扬州的古桥。

【诗说】

扬州是淮南东路的名城，听闻城内的竹西亭风景很好，我解鞍下马，在这段行程里稍作停留。这里过去有杜牧笔下“春风十里”的繁华，如今却到处都是青色的野生麦子。自从金兵两次进犯扬州城后，这里只剩下荒废的池台和高大的树木，人们至今提起兵祸，都心有余悸。已经快到黄昏时分，清冷的号角声吹响，让人感到阵阵寒意，这是一座空城呀！

像杜牧那样的才士，如果重新来到扬州，看到这番景象，也会非常惊讶吧！纵然他有再好的才华，再多的才情，也难以写出对往日繁华扬州的深情。二十四桥还在，桥下的流水波浪荡漾，一轮冷月无声照耀。不知道桥边的红芍药，年年都是为谁而生长呢？

墨梅 元·王冕

我家洗砚池边树，
朵朵花开淡墨痕。
不要人夸颜色好，
只留清气满乾坤。

【注释】

洗砚池：洗笔砚的池子。这里借用王羲之的典故，据说王羲之勤奋学习书法，洗笔砚的池水都变黑了。

清气：梅花的清香气。

乾（qián）坤（kūn）：指天地之间。

【诗说】

我家的洗砚池旁边有一棵梅树，梅花绽放，就好像是用淡墨描画的一样。我不求别人夸奖它的美丽，只希望它的清香之气能够弥漫世间。

长相思·山一程

清·纳兰性德

山一程，水一程，身向榆关那畔行，夜深千帐灯。　　风一更，雪一更，聒碎乡心梦不成，故园无此声。

【注释】

榆关：指今山海关。

那畔：山海关的另一边，即关外。

聒（guō）：声音嘈杂。

【诗说】

走了一程山路又走了一程水路，山长水远，我向着山海关那边的关外前进。夜深了，军帐中点起千盏灯。

又是刮风，又是下雪，声音嘈杂，扰乱了我思乡的情绪，美梦也做不成了。遥远的故乡是没有这些声音的啊！

后记

儿童读诗，究竟有何裨益？

早在两千多年前，孔子就曾经说过，“小子何莫学夫《诗》？《诗》可以兴，可以观，可以群，可以怨”。意思是说，读诗可以抒发感情、观察社会和自然、结交朋友、表达对不平之事的讽喻等。这样看来，读诗能陶冶审美情操、锻炼社交能力、培养观察眼光，是提升儿童素质的最好教育方式之一。

有鉴于此，西苑出版社有限公司特意推出这套《四时常记古诗词 180 首》的诗词选本，按月征题，命名为：千江雪、春好处、绿丝绦、桃花开、捉柳花、梅子黄、映日荷、对秋风、白露行、霜满天、一片寒、朔风紧，根据自然时节的变化，并紧扣教育部推荐古诗词篇目，遴选历朝历代相关诗词，最终选定 180 首古诗词。本书的编著者多年从事教学工作，充分了解中小学生的阅读特点，为了读者更好地学习古诗词，编著者参考了大量的古诗词选本、工具辞书和相关学习网站，如《唐诗鉴赏辞典》、《唐宋词鉴赏辞典》、古诗文网、吴江诗词网等，力求注释和诗说简明易懂，兼顾审美性和社会性，以飨读者。

为孩子读诗，要引导孩子体察、理解他人的感情。每个人的内心世界都是一个小小宇宙，那些深沉的感情、隐秘的心思、难以说清楚却又无法压抑的微妙感受，都在诗歌中得到了淋漓尽致的表述。读诗，可以让孩子走近一颗颗火热敏感的心灵，尝试去理解千百年来人类共通的情感和思想。

为孩子读诗，要引导孩子善于观察大自然和人类社会。中国古诗词的特点之一就是情景交融、寓情于景，要体察诗词中的深情真意，往往需要结合诗人对自然景致的描写渲染，才能有更深的体会。从桃花绽放、柳丝轻拂的春日到天寒地冻、朔风呼号的冬天，四季轮回交织着诗人的喜怒哀乐，读诗，为孩子了解中国传统社会的风土人情提供了最好的窗口。

为孩子读诗，要培养孩子勇于社交、积极交友的能力。自古以来，诗词就有传情达意、接引知己的作用，为友人题赠、怀念友人，向来是中国古诗词创作的重要缘起之一。为孩子读诗，给他们讲述每首赠诗、怀友诗背后的历史故事，理解文学创作形式和内容之间的相互成全，拓宽他们的知识视野，培养他们积极互动交流的社交能力，也是包含在诗词文化教育中的题中应有之义。

为孩子读诗，要培养孩子关注人间疾苦的情怀。学习和教育的重要目的，是要培养具有同理心的独立个体。古诗词中有无数志士贤人的感慨悲鸣，折射了诗人内心深处对国家和人民最深沉的爱。唯有读诗咏叹，方能同情体贴，而建立在同情基础上的感同身受，才能更好地激发出孩子内心深处的宝贵之爱。

当然，读诗还有其他收获。也如孔子所说，“多识于鸟兽草木之名”，读一首诗，了解一位诗人，懂得一个故事，学习一些知识，只要品读，就有收获！正所谓开卷有益，相信《四时常记古诗词180首》不会让每一位读者失望！

绿色印刷　保护环境　爱护健康

亲爱的读者朋友：

本书已入选“北京市绿色印刷工程——优秀出版物绿色印刷示范项目”。它采用绿色印刷标准印制，在封底印有“绿色印刷产品”标志。

按照国家环境标准（HJ2503-2011）《环境标志产品技术要求 印刷 第一部分：平版印刷》，本书选用环保型纸张、油墨、胶水等原辅材料，生产过程注重节能减排，印刷产品符合人体健康要求。

选择绿色印刷图书，畅享环保健康阅读！

北京市绿色印刷工程

图书在版编目（CIP）数据

四时常记古诗词180首 / 李汇群，赵雪沛，李远达编著. -- 北京：西苑出版社，2019.10
ISBN 978-7-5151-0724-0

Ⅰ. ①四… Ⅱ. ①李… ②赵… ③李… Ⅲ. ①古典诗歌—中国—中小学—教学参考资料 Ⅳ. ①G634.303

中国版本图书馆CIP数据核字（2019）第210163号

四时常记古诗词180首
SISHI CHANG JI GUSHICI 180 SHOU

出版发行： 西苑出版社 XIYUAN PUBLISHING HOUSE
通讯地址： 北京市朝阳区和平街11区37号楼　邮政编码：100013
电　　话： 010-88636419
印　　刷： 北京盛通印刷股份有限公司
开　　本： 710mm*1000mm 1/16
字　　数： 120千字
印　　张： 15.75
版　　次： 2019年11月第1版
印　　次： 2019年11月第1次印刷
书　　号： ISBN 978-7-5151-0724-0
定　　价： 54.00元